銀行信貸業務實驗教程

主　編　郭靜林
副主編　羅　威

崧燁文化

前　言

目前，中國商業銀行的主要利潤來源於信貸業務，所以信貸業務的開展與管理是商業銀行非常重要的業務組成部分。金融類及相關專業的學生，在畢業后有相當一部分人將進入商業銀行從事信貸管理工作，但由於銀行業的特殊性、保密性、安全性特點，學生要進入銀行內部實習的機會越來越少。在這種形勢下，越來越多的高校認識到，在財經類專業銀行管理類課程體系中建設一套以應用型為導向、模擬商業銀行信貸管理的實際運行環境的課程教學體系非常重要和迫切。

國內現階段專門針對銀行信貸的實驗教材並不多，部分教材對商業銀行信貸業務的分類方式不夠科學，並且對銀行信貸中最重要的公司信貸業務部分涉及過少，只有企業一般貸款一類業務操作講解，不能較好地反應現代銀行業的業務處理需求現狀。

本教材是針對高校金融學專業銀行經營管理方向的信貸類專業課程而編著的實驗輔助教材。教材的編寫配合編者所在高校的市級金融學特色專業建設項目中的教學改革進程，在其所應用的教學環節上，從以講授為主的課程教學方式，向以講授與實驗並重、配合學生研討與角色互動的新型教學方式進行轉變。教材中的信貸實驗及其專業知識部分的內容，是在中國銀行業從業人員資格認證考試教材《公司信貸》和《個人貸款》的理論框架基礎上進行編寫的，並結合智盛軟件公司開發的「信貸及風險管理模擬平臺」，加入了豐富的個人及企業信貸案例，因此具備較強的商業銀行領域從業傾向性。其主要特點如下：

1. 按中國現今大部分商業銀行面對客戶採用的信貸業務分類標準進行實驗編寫

為了適應應用型人才的培養目標，讓實驗實訓課程能較好地與行業標準接軌，盡量做到學生學習與就業的無縫連接，因此在編寫銀行信貸業務實務時，按中國現今大

部分商業銀行面對客戶採用的信貸業務分類標準進行實驗編寫。根據現階段中國國有大型及全國股份制商業銀行的業務分類，本教材及配套的教學軟件平臺都設計了大部分銀行適用的傳統和新型銀行信貸業務，包括企業流動資金貸款、房地產貸款、企業固定資產貸款、企業質押貸款、企業票據業務、個人住房貸款、個人房屋裝修貸款、個人汽車消費貸款、個人助學貸款、個人經營類貸款、農戶經營性貸款等，涵蓋了銀行業主要信貸業務，並針對各類個人及企業客戶的信貸需求，讓學生能面向客戶需求進行信貸業務仿真實驗操作。為達到最佳的仿真效果，教材中涉及的所有公司信貸案例均是基於真實的上市公司公開信息改編模擬而成。

2. 將主教材銀行信貸理論基礎知識融入實驗輔助教材

本教材不僅呈現實驗操作流程指導的部分，同時在每一項目章節下還設有對該章節所包含的所有實驗理論基礎的總結概述，讓學生在進行實驗操作之前，能對其所涉及的理論知識部分進行回顧，使理論與實際相互對應，既熟悉了信貸實務操作又加深了對信貸專業知識的鞏固。

3. 信貸業務處理的多樣性與信貸風險管理並重

本教材不僅在信貸業務的多樣性中進行了分類拓展，同時，為配合現階段中國對金融業風險管理的重視，專門設置了信貸風險及貸後管理實驗部分，將銀行業對貸前信用評級和貸後風險及資產管理的要求都納入實驗操作流程，包含信用等級評估、風險分類認定、貸后調查與監控業務、不良資產管理等實務操作，讓學生在學習如何營銷和受理信貸業務的同時，也注重信貸業務的風險監管和風險資產處理。

郭靜林

目　錄

第一部分　公司信貸業務實驗 ……………………………………………（1）

　項目 1.1　擔保業務 ………………………………………………………（2）

　　1.1.1　貸款擔保概述 …………………………………………………（2）

　　1.1.2　保證人擔保業務實驗 …………………………………………（4）

　　1.1.3　抵押物擔保業務實驗 …………………………………………（11）

　　1.1.4　質押物擔保業務實驗 …………………………………………（16）

　項目 1.2　授信業務 ………………………………………………………（21）

　　1.2.1　企業授信概述 …………………………………………………（21）

　　1.2.2　單項授信業務實驗 ……………………………………………（23）

　　1.2.3　年度統一授信業務實驗 ………………………………………（28）

　項目 1.3　企業貸款業務 …………………………………………………（33）

　　1.3.1　企業貸款業務概述 ……………………………………………（33）

　　1.3.2　企業流動資金貸款業務實驗 …………………………………（35）

　　1.3.3　企業房地產貸款業務實驗 ……………………………………（41）

　　1.3.4　企業固定資產貸款業務實驗 …………………………………（44）

　　1.3.5　企業質押貸款業務實驗 ………………………………………（47）

　　1.3.6　企業貸款展期業務實驗 ………………………………………（50）

　項目 1.4　企業票據業務 …………………………………………………（53）

　　1.4.1　企業票據業務概述 ……………………………………………（53）

　　1.4.2　銀行承兌匯票貼現業務實驗 …………………………………（55）

第二部分　個人信貸業務實驗 ………………………………………… (64)

項目2.1　個人消費貸款 ………………………………………… (65)
2.1.1　個人消費貸款概述 ………………………………………… (65)
2.1.2　個人住房貸款業務實驗 …………………………………… (67)
2.1.3　個人房屋裝修貸款業務實驗 ……………………………… (74)
2.1.4　個人汽車消費貸款業務實驗 ……………………………… (77)
2.1.5　個人助學貸款業務實驗 …………………………………… (81)

項目2.2　個人經營性貸款 ……………………………………… (85)
2.2.1　個人經營性貸款概述 ……………………………………… (85)
2.2.2　個人大額經營性貸款業務實驗 …………………………… (87)
2.2.3　其他個人經營性貸款業務實驗 …………………………… (89)

第三部分　信貸風險及貸后管理實驗 ………………………………… (91)

項目3.1　信用等級評估 ………………………………………… (92)
3.1.1　客戶信用等級評定概述 …………………………………… (92)
3.1.2　信用等級評估業務實驗 …………………………………… (94)

項目3.2　貸款風險分類 ………………………………………… (102)
3.2.1　貸款風險分類概述 ………………………………………… (102)
3.2.2　客戶貸款五級分類評定實驗 ……………………………… (104)

項目3.3　貸后管理 ……………………………………………… (108)
3.3.1　貸后管理概述 ……………………………………………… (108)
3.3.2　貸后調查業務實驗 ………………………………………… (112)

項目3.4　不良貸款管理 ………………………………………… (117)
3.4.1　不良貸款管理概述 ………………………………………… (117)
3.4.2　不良貸款催收實驗 ………………………………………… (119)
3.4.2　呆帳認定實驗 ……………………………………………… (122)
3.4.3　貸款訴訟實驗 ……………………………………………… (126)
3.4.4　資產處置實驗 ……………………………………………… (130)
3.4.5　呆帳核銷實驗 ……………………………………………… (133)

第一部分
公司信貸業務實驗

公司信貸是指以銀行為提供主體，以法人和其他經濟組織等非自然人為接受主體的資金借貸或信用支持活動。常見的公司信貸業務種類有流動資金貸款、固定資產貸款、房地產貸款、商業匯票及銀行承兌匯票等業務。

本部分的實驗內容分為四個項目，前兩個項目的實驗內容主要是對申請貸款企業的擔保程序與授信環節的模擬；后兩個項目將公司信貸業務具體分為貸款類和票據類兩個模塊，並對這兩類業務的具體受理、調查、風險評價、審批、合同簽訂及發放環節進行模擬實驗。

項目 1.1　擔保業務

1.1.1　貸款擔保概述

擔保的概念

貸款擔保是指為提高貸款償還的可能性，降低銀行資金損失的風險，銀行在發放貸款時要求借款人提供擔保，以保障貸款債權實現的法律行為。銀行與借款人及其他第三人簽訂擔保協議後，當借款人財務狀況惡化、違反借款合同或無法償還本息時，銀行可以通過執行擔保來收回貸款本息。擔保為銀行提供了一個可以影響或控制的潛在還款來源，從而增加了貸款最終償還的可能性，使銀行資金更具安全性。

擔保的分類

擔保可分為人的擔保和物的擔保兩種，其中物的擔保一般指財產擔保，如表1-1-1所示。

表 1-1-1　　　　　　　　　　　　　擔保種類

人的擔保	指作為第三人的自然人或法人向銀行提供的，許諾借款人按期償還貸款的保證。
物的擔保	分為不動產、動產和權利財產（例如股票、債券、保險單等）擔保。這類擔保主要是將債務人或第三人的特定財產抵押給銀行。

另外，擔保的形式有多種，一筆貸款可以有一種或幾種擔保，擔保的具體形式主要有如下幾種，其中除了保證擔保是人的擔保以外，其餘均為物的擔保，如表1-1-2所示。

表 1-1-2　　　　　　　　　　　　　擔保形式

抵押	抵押是指借款人或第三人在不轉移財產佔有權的情況下，將財產作為債權的擔保，銀行持有抵押財產的擔保權益，當借款人不履行借款合同時，銀行有權以該財產折價或者以拍賣、變賣該財產的價款優先受償。

表1-1-2(續)

質押	質押是指債權人與債務人或債務人提供的第三人以協商訂立書面合同的方式,移轉債務人或者債務人提供的第三人的動產或權利的佔有,在債務人不履行債務時,債權人有權以該財產價款優先受償。
保證	保證是指保證人和債權人約定,當債務人不履行債務時,保證人按照約定履行債務或者承擔責任的行為。
留置	留置是指債權人按照合同約定佔有債務人的動產,債務人不按照合同約定的期限履行債務的,債權人有權按照規定留置該財產,以該財產折價或者以拍賣、變賣該財產的價款優先受償。
定金	定金擔保是指債權人以一定的金錢來保證債務履行的擔保。定金較少用於銀行信貸業務中。

本書的實驗部分主要對保證擔保、抵押擔保和質押擔保三種銀行常用的擔保形式進行業務實驗。

擔保的範圍

擔保範圍分為法定範圍和約定範圍,其中約定範圍是在銀行與借款人的擔保合同中予以約定,而法定範圍是按《中華人民共和國擔保法》的規定執行,如表1-1-3所示。

表1-1-3　　　　　　　　　法定範圍規定

主債權	即由借款合同、銀行承兌協議、出具保函協議書等各種信貸主合同所確定的獨立存在的債權。
利息	由主債權所派生的利息。
違約金	指由法律規定或合同約定的債務人不履行或不完全履行債務時,應付給銀行的金額。
損害賠償金	指債務人因不履行或不完全履行債務給銀行造成損失時,應向銀行支付的補償費。
實現債權的費用	指債務人在債務履行期屆滿而不履行或不完全履行債務,銀行為實現債權而支出的合理費用,一般包括訴訟費、鑒定評估費、公證費、拍賣費、變賣費、執行費等費用。
質物保管費用	指在質押期間,因保管質物所發生的費用。

1.1.2 保證人擔保業務實驗

實驗目的

（1）掌握保證人擔保業務的概念及相關要素。
（2）熟悉保證人擔保業務的審查、審批流程。
（3）熟悉保證人擔保業務中的錄入要素。
（4）瞭解一項貸款業務中，借款人與保證人之間的利益關係。

實驗案例

浙江久立特材科技股份有限公司以購原材料為由，向銀行申請貸款 200 萬元，並簽訂借款合同，合同約定借款期限為 3 年，即自 2014 年 12 月 4 日至 2017 年 12 月 4 日止，還款方式為分期非等額還款，時間為每月的 20 日。中核華原鈦白股份有限公司向銀行承諾為其提供擔保。

該筆擔保業務現提交支行進行辦理，在業務的辦理流程中，銀行方的審查、審批順序為支行信貸員→支行信貸科→支行分管行長→支行行長→總行信貸部→總行行長。請按該業務操作順序，分別扮演不同銀行部門角色完成對該公司的擔保。

實驗步驟

操作1：用自己的學生帳號登錄信貸業務及風險管理模擬平臺，選擇界面左側的 客戶信息 圖標，彈出客戶信息窗口；在彈出窗口左側的導航欄中選擇 登記查詢 → 導入客戶信息 按鈕，在客戶類型下拉選項框中選擇「企業客戶」后點擊「查詢」，如圖 1-1-1 所示。在窗口羅列的企業客戶列表中，找到實驗案例所涉及業務辦理的公司，即「浙江久立特材科技股份有限公司」和「中核華原鈦白股份有限公司」，選中公司后，點擊窗口右上方的 導入客戶信息 按鈕，便可在 登記查詢 中查詢到辦理該業務的客戶名單，如圖 1-1-2 所示。

第一部分　公司信貸業務實驗　5

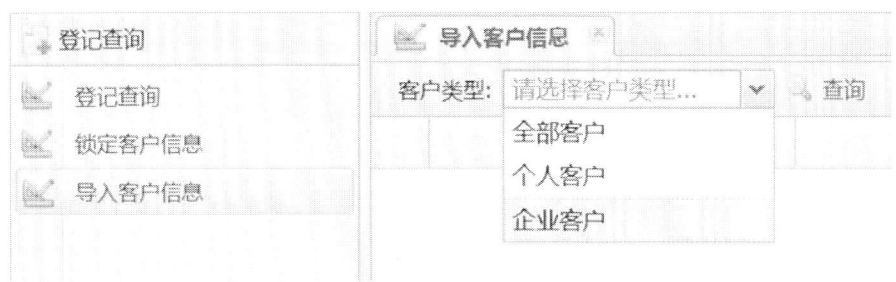

圖 1-1-1　導入客戶信息

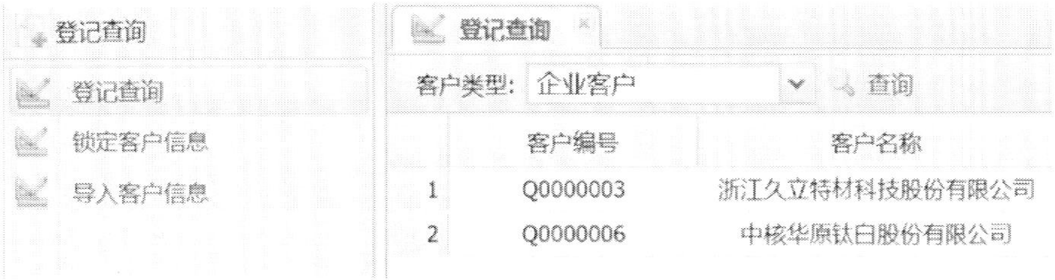

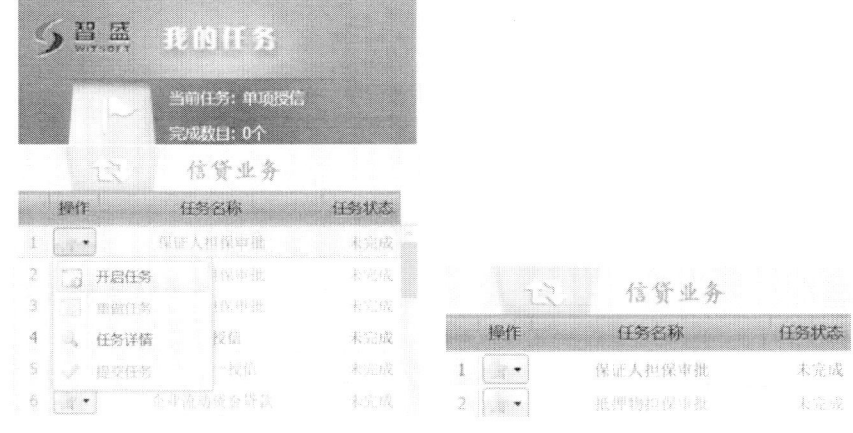

圖 1-1-2　查詢客戶名單

操作 2：將鼠標按界面標示移動至模擬平臺界面邊緣，系統自動彈出 我的任務 操作任務列表，在列表中找到「保證人擔保審批」業務，點擊 ☆操作 → 開啓任務，該業務在系統中便正式開啓，被開啓的業務名稱呈現紅色狀態，如圖 1-1-3 所示。

圖 1-1-3　開啓任務

操作3：業務開啓後，便可以選擇界面左側的 信貸業務 圖標，彈出信貸業務窗口。按照銀行信貸業務的審批流程，在角色切換窗口中，先選擇業務初審角色，即「支行信貸員」（如圖1-1-4所示），點擊 確認 按鈕，則進入支行信貸員的業務操作窗口。

圖1-1-4　選擇初審角色

點擊左側導航欄中的 擔保業務 → 啓動業務，在右側列表界面中選擇 保證人擔保審批，系統羅列備選客戶列表，在列表中選擇實驗案例中的貸款申請人「浙江久立特材科技股份有限公司」，點擊 啓動 按鈕，該企業便被列入「當前擔保業務」中。點擊左側導航欄中的 擔保業務 → 當前擔保業務，則可查看到當前處理的業務對象、工作類型、業務種類以及業務狀態，如圖1-1-5所示。

圖1-1-5　啓動當前擔保業務

雙擊該列擔保業務，或者單擊業務后，點擊右上方的 受理 按鈕，則出現「當前業務處理列表」（如圖1-1-6所示）。按列表的順序進行業務錄入，先雙擊選擇「保證人審批」，在彈出窗口中，點擊右上方的 新增 按鈕，在「新增-保證人清單」窗口中，錄入案例中的保證人相關信息（如圖1-1-7所示），點擊 保存 按鈕，擔保合同添加完畢。

填寫時注意：

(1)「保證人客戶名稱」為案例中的「中核華原鈦白股份有限公司」。

(2)「保證期限」應按照借款企業的貸款期限計算，案例中借款合同約定借款期限為3年，因此保證期限按借款期限填寫；「保證開始日期」及「到期日期」均按借款合同信息填寫。

(3)「保證合同編號」系統自動生成。

(4)「擔保金額」為借款合同中的貸款總額。

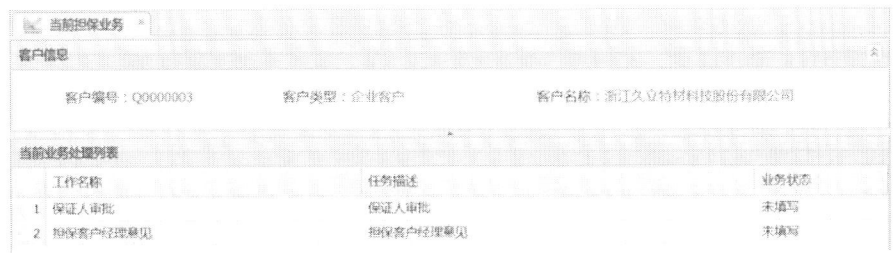

圖 1-1-6　受理擔保

圖 1-1-7　錄入保證人相關信息

關閉窗口后，接下來按圖1-1-6的列表繼續填寫「擔保客戶經理意見」。填寫時注意，「調查日期」要與案例中的業務申辦日期前後一致，不要隨便填寫日期，以保持

業務操作的嚴謹性；「調查報告內容」按照案例中借款人和保證人的實際信息，結合保證人擔保調查相關專業知識撰寫。

圖 1-1-8　填寫調查報告

確保「保證人審批」和「擔保客戶經理意見」兩項的業務狀態均為「已填寫」後，可在界面下方選擇「同意」並點擊 提交 按鈕。至此，支行信貸員的審查、審批任務操作完畢。

操作 4：在界面右上方點擊 角色切換 按鈕，切換角色至「支行信貸科長」，點擊左側導航欄中的 當前擔保業務 按鈕，可看到該保證擔保業務的狀態已切換至「支行信貸科審批」（如圖 1-1-9 所示）。選擇業務對象後，點擊 受理 按鈕，並對之前支行信貸員填寫的內容進行復查，確認沒問題後，選擇「同意」，並點擊 提交 按鈕。若存在問題，則選擇「不同意」，將業務打回支行信貸員重新審查。

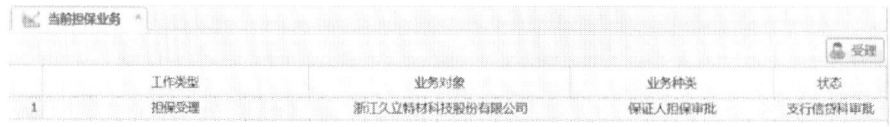

圖 1-1-9　支行信貸科長審批

操作 5：在界面右上方點擊 角色切換 按鈕，切換角色至「支行分管行長」，點擊左側導航欄中的 當前擔保業務 按鈕，可看到該保證擔保業務的狀態已切換至「支行分管行長」，重複操作 4 的步驟，按照商業銀行由下至上的審查、審批原則，分別完成支行行長審批、總行信貸部初審員審查、總行信貸部副經理復審以及總行行長審批後，切換回支行信貸員角色完成擔保業務確認（如圖 1-1-10 所示）。

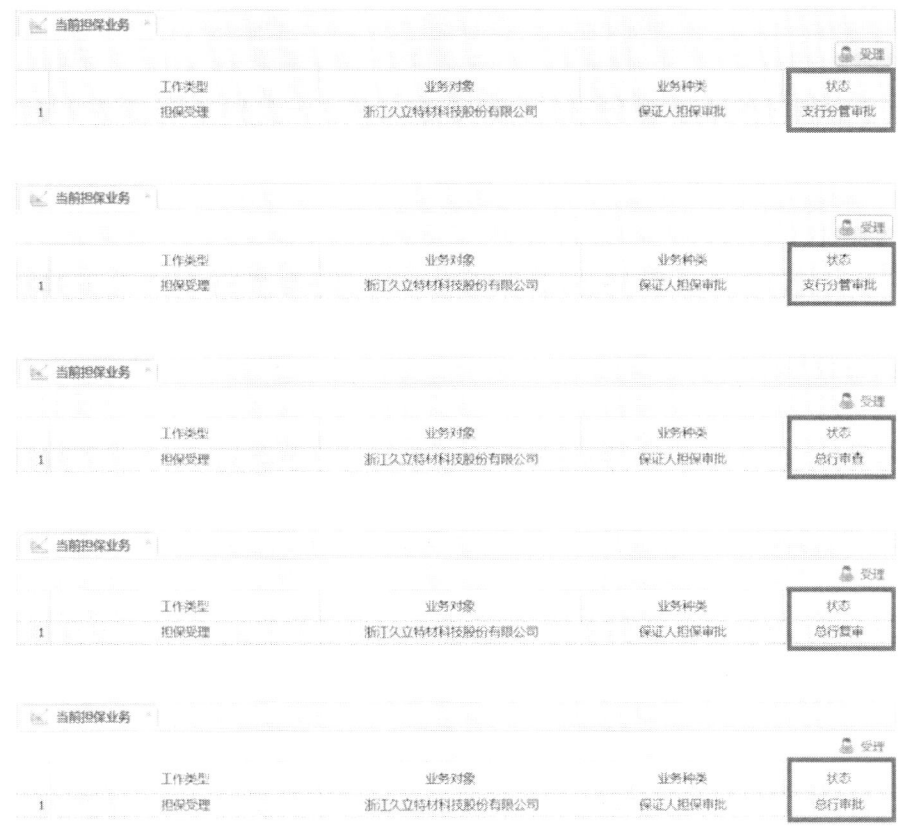

圖 1-1-10　依次審批

操作 6：上述任務完成後，在「我的任務」欄中，點擊 ☆操作 → 提交任務 按鈕，該項業務便在實驗系統中正式提交完成（如圖 1-1-11 所示）。並且點擊 ☆操作 → 任務詳情 → 操作情況 按鈕，可以查看辦理該項業務的所有操作流程（如圖 1-1-12 所示），可供實驗報告流程寫作參考。

圖 1-1-11　提交任務

	業務種類	業務名稱	任務名稱	操作人	當前操作	下一步
1	擔保業務	保證人擔保審批	保證人擔保審批	S0800	擔保確定	
2	擔保業務	保證人擔保審批	保證人擔保審批	S0800	總行信貸部審批	業務確定→支行信貸員審批
3	擔保業務	保證人擔保審批	保證人擔保審批	S0800	支行審批	信貸部初審員→總行審查
4	擔保業務	保證人擔保審批	保證人擔保審批	S0800	總行審查	信貸部副經理→總行復查
5	擔保業務	保證人擔保審批	保證人擔保審批	S0800	總行復查	總行行長(審貸委)→總行信貸部審批
6	擔保業務	保證人擔保審批	保證人擔保審批	S0800	擔保受理	支行信貸科→支行信貸科審批
7	擔保業務	保證人擔保審批	保證人擔保審批	S0800	支行信貸科審批	支行分管行長→支行分管審批
8	擔保業務	保證人擔保審批	保證人擔保審批	S0800	支行分管審批	支行行長→支行審批

圖 1-1-12　查看任務詳情

實驗報告要求

（1）在實驗報告中繪製保證人擔保業務的流程圖，並標註每個業務環節所涉及的銀行信貸業務人員、職位以及負責內容。

（2）實驗中的借款人「浙江久立特材科技股份有限公司」和其保證人「中核華原鈦白股份有限公司」均為現實中存在的企業。請通過互聯網搜索企業相關信息，對借款人和保證人進行公司信息、行業信息、財務信息等調查，在實驗報告中撰寫完整的保證人信用調查報告，並按真實信息得出調查結論，建議銀行是否批准該項保證人擔

保業務，若不批准，寫出否決的原因及風險因素。

1.1.3 抵押物擔保業務實驗

實驗目的

(1) 掌握抵押物擔保的概念及相關要素。
(2) 熟悉中國規定的可作為銀行抵押的財產種類。
(3) 瞭解不同財產所對應的抵押登記部門。
(4) 瞭解實質登記與形式登記的概念與區別。
(5) 熟悉抵押物擔保的審查、審批流程。
(6) 熟悉抵押物擔保業務中的錄入要素。

實驗案例

陝西煉石有色資源股份有限公司為錸鉬分離項目的開發，擬斥資 5,000 萬元採購設備、興建廠房等，為此向某銀行支行貸款 1,000 萬元。遂與該銀行達成協議，由該銀行提供貸款，借款期限為 1 年，陝西煉石有色資源股份有限公司以一棟辦公樓（價值 1,300 萬元）和兩輛加長奔馳轎車（價值 200 萬元）設定抵押，並辦理了抵押登記。

該筆抵押業務現提交支行進行辦理，在業務的辦理流程中，銀行方的審查、審批順序為支行信貸員→支行信貸科→支行分管行長→支行行長→總行信貸部→總行行長。請按該業務操作順序，分別扮演不同銀行部門角色完成對借款人提供的辦公樓抵押物擔保審批。

實驗步驟

操作 1：用自己的學生帳號登錄信貸業務及風險管理模擬平臺，選擇界面左側的 客戶信息 圖標，彈出客戶信息窗口；在彈出窗口左側的導航欄中選擇 登記查詢 → 導入客戶信息 按鈕，在客戶類型下拉選項框中選擇「企業客戶」後點擊「查詢」。在

窗口羅列的企業客戶列表中，找到實驗案例所涉及業務辦理的公司，即「陝西煉石有色資源股份有限公司」，選中公司後，點擊窗口右上方的 導入客戶信息 按鈕，便可在 登記查詢 中查詢到該公司名單。選擇後，點擊右上方的 鎖定 按鈕，對該公司進行系統鎖定（如圖1-1-13所示）。

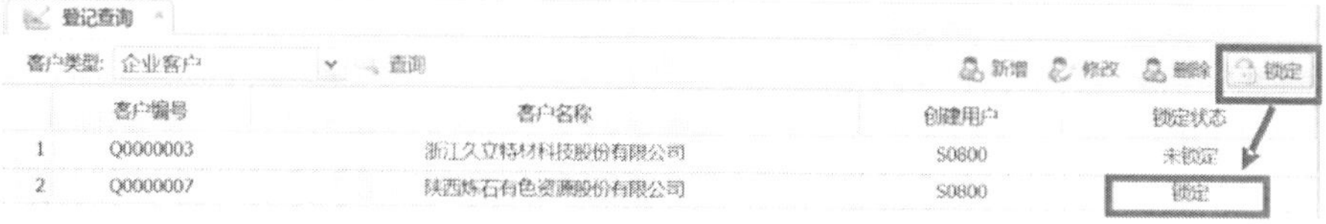

圖1-1-13 鎖定客戶

操作2：將鼠標按界面標示移動至模擬平臺界面邊緣，系統自動彈出 我的任務 操作任務列表，在列表中找到「抵押物擔保審批」業務，點擊 ☆操作 → 開啓任務，該業務在系統中便正式開啓，被開啓的業務名稱呈現紅色狀態（如圖1-1-14所示）。在開始業務操作之前，可先點擊「任務詳情」，仔細瀏覽申請該業務的公司情況說明。

圖1-1-14 開啓業務

操作3：業務開啓后，便可以選擇界面左側的 信貸業務 圖標，彈出信貸業務窗口。按照銀行信貸業務的審批流程，在角色切換窗口中，選擇「支行信貸員」，點擊確

認，則進入支行信貸員的業務操作窗口。

點擊左側導航欄中的 擔保業務 → 啓動業務 按鈕，在右側列表界面選擇 抵押物擔保審批 按鈕，系統彈出備選客戶列表，在列表中選擇實驗案例中的貸款申請人「陝西煉石有色資源股份有限公司」，點擊 啓動 按鈕，該企業便被列入「當前擔保業務」中。點擊左側導航欄中的 擔保業務 → 當前擔保業務 按鈕，則可查看到當前處理的業務對象、工作類型、業務種類以及業務狀態（如圖 1-1-15 所示）。

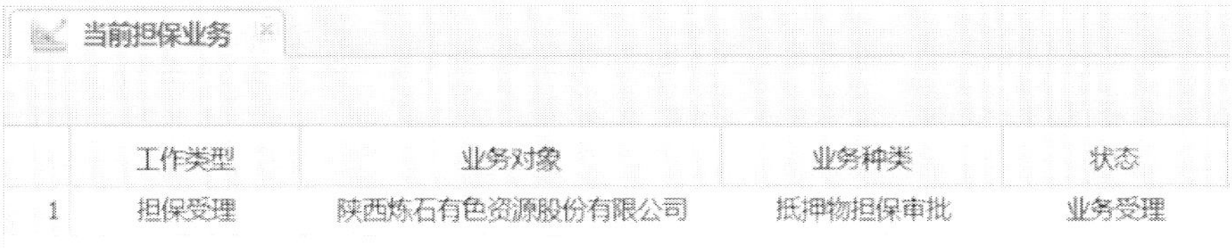
当前担保业务

	工作类型	业务对象	业务种类	状态
1	担保受理	陕西炼石有色资源股份有限公司	抵押物担保审批	业务受理

圖 1-1-15　受理業務

雙擊該列擔保業務，或者單擊業務后，點擊右上方的 受理 按鈕，則出現「當前業務處理列表」（如圖 1-1-16 所示）。

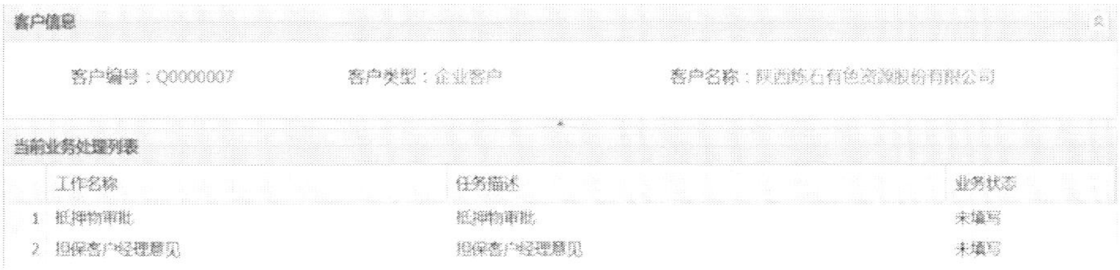
客户信息

客户编号：Q0000007　客户类型：企业客户　客户名称：陕西炼石有色资源股份有限公司

当前业务处理列表

	工作名称	任务描述	业务状态
1	抵押物审批	抵押物审批	未填写
2	担保客户经理意见	担保客户经理意见	未填写

圖 1-1-16　當前業務處理列表

按列表的順序進行業務錄入，先雙擊選擇「抵押物審批」，在彈出窗口中，點擊右上方的 新增 按鈕，在「新增-抵押物清單」窗口中，錄入案例中的抵押物相關信息，由於該案例中借款人提供了幾種不同的抵押物，則在新增時要分別錄入（如圖 1-1-17 所示），點擊 保存 按鈕，擔保合同添加完畢。填寫時注意：

（1）「抵押物合同號」由系統自動生成。

（2）「抵押物性質」要根據實際抵押物財產屬性判斷是動產還是不動產，在本案例

中，借款人用其辦公樓和汽車作為抵押，因此同時涉及動產和不動產，要分兩批進行新增錄入。

（3）「抵押人」一般為借款人。

（4）「抵押物類型」可選擇房產、土地、汽車、機械設備，注意在中國土地相關抵押物只能是土地使用權或土地附屬物，不能是土地所有權。本案例中，借款人以一棟辦公樓和兩輛加長奔馳轎車設定抵押，因此抵押物為房產和汽車，需分別錄入。

（5）「評估起始日期」與「評估到期日期」之間的期間應覆蓋整個借款期間。

（6）「抵押率」按照中國商業銀行的相關規定，無地上定著物的土地使用權、依法取得的房屋所有權等土地房屋抵押率，按實際情況不得超過 50%至 70%；以汽車、船舶、民用航空器等運輸設備抵押的，抵押率最高不超過 40%至 60%；用通用機器設備抵押的，抵押率最高不超過 30%。

（7）「抵押金額」即抵押貸款額，計算公式為「抵押貸款額=抵押物現值×抵押率」。

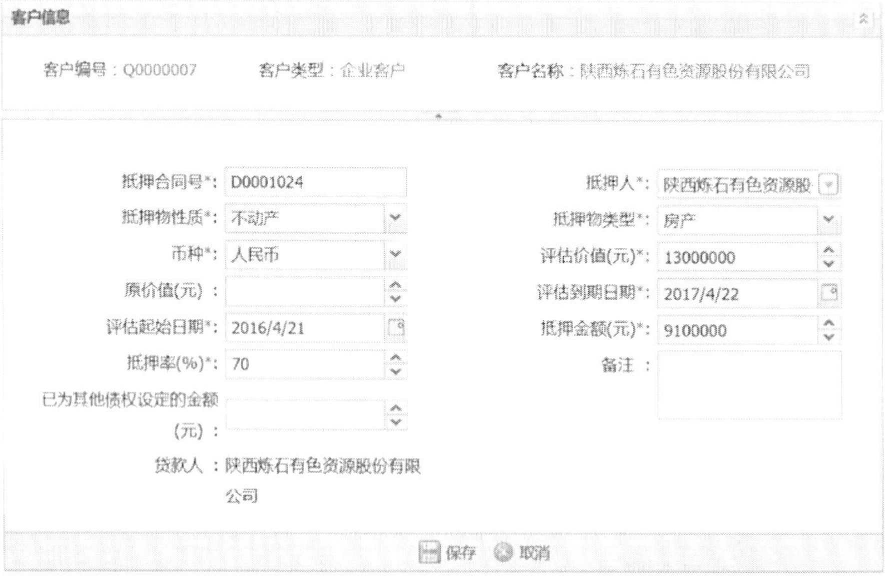

	抵押合同号	抵押物性质	抵押物类型	抵押金额
1	D0001024	不动产	房产	9100000
2	D0001025	动产	汽车	1200000

圖 1-1-17　錄入相關信息

關閉窗口后，接下來按圖 1-1-18 的列表繼續填寫「擔保客戶經理意見」。填寫時注意，「調查日期」要與案例中的業務申辦日期前后一致，不要隨便填寫日期，以保持業務操作的嚴謹性；「調查報告內容」按照案例中借款人提交的抵押物實際信息，結合抵押物評估的相關專業知識撰寫（如圖 1-1-18 所示）。

圖 1-1-18　撰寫調查報告

確保「抵押物審批」和「擔保客戶經理意見」兩項的業務狀態均為「已填寫」后，可在界面下方選擇「同意」並點擊 提交 按鈕。至此，支行信貸員的審查、審批任務操作完畢。

操作4：在界面右上方點擊 角色切換 按鈕，切換角色至「支行信貸科長」，點擊左側導航欄中的 當前擔保業務 按鈕，可看到該抵押物擔保業務的狀態已切換至「支行信貸科審批」。選擇業務對象后，點擊 受理 按鈕，並對之前支行信貸員填寫的內容進行復查，確認沒問題后，選擇「同意」，並點擊 提交 按鈕。若存在問題，則選擇「不同意」，將業務打回支行信貸員重新審查。

操作5：在界面右上方點擊 角色切換 按鈕，切換角色至「支行分管行長」，點擊左側導航欄中的 當前擔保業務 按鈕，可看到該抵押物擔保業務的狀態已切換至「支行分管行長」，重複操作4的步驟，按照商業銀行由下至上的審查、審批原則，分別完

成支行行長審批、總行信貸部初審員審查、總行信貸部副經理復審以及總行行長審批後,切換回支行信貸員角色完成擔保業務確認。

操作6:上述任務完成後,在我的任務欄中,點擊 ☆操作 → 提交任務 ,該項業務便在實驗系統中正式提交完成。點擊 ☆操作 → 任務詳情 → 操作情況 ,可以查看辦理該項業務的所有操作流程,可供實驗報告流程寫作參考。

實驗報告要求

(1)在實驗報告中繪製抵押物擔保業務的流程圖,並標註每個業務環節所涉及的銀行信貸業務人員、職位以及負責內容。

(2)實驗中的借款人「陝西煉石有色資源股份有限公司」為現實中存在的企業。請通過互聯網搜索企業相關信息,對借款人公司所在地商業用房市場進行相關調查,同時對借款人抵押的奔馳汽車價格進行相關調查,按照公司所在地的商用樓盤市場價格情況以及奔馳汽車報價情況,在實驗報告中撰寫完整的抵押物價值評估調查報告,並按真實信息得出調查結論,建議銀行是否批准該項抵押物擔保業務,若不批准,寫出否決的原因及風險因素。

1.1.4 質押物擔保業務實驗

實驗目的

(1)掌握質押物擔保的概念及相關要素。
(2)熟悉中國規定的可作為銀行質押的財產種類。
(3)瞭解質押與抵押的區別。
(4)熟悉質押物擔保的審查、審批流程。
(5)熟悉質押物擔保業務中的錄入要素。

實驗案例

廣東汕頭超聲電子股份有限公司是以電子元器件及超聲電子儀器為主要產品的高

新技術企業，從事雙面及多層印製電路板、液晶顯示器、超薄及特種覆銅板、超聲電子儀器等高新技術產品的研究、生產和銷售。

2014年廣東汕頭超聲電子股份有限公司為籌措資金，以15輛機動車（價值800萬元）作為質押物向銀行借款500萬元，雙方於2014年5月15日簽訂借款合同，合同約定借款期限為兩個月。

該筆質押擔保業務現提交支行進行辦理，在業務的辦理流程中，銀行方的審查、審批順序為支行信貸員→支行信貸科→支行分管行長→支行行長→總行信貸部→總行行長。請按該業務操作順序，分別扮演不同銀行部門角色完成對借款人提供的動產質押擔保審批。

實驗步驟

操作1：用自己的學生帳號登錄信貸業務及風險管理模擬平臺，選擇界面左側的 客戶信息 圖標，彈出客戶信息窗口；在彈出窗口左側的導航欄中選擇 登記查詢 → 導入客戶信息 ，在客戶類型下拉選項框中選擇「企業客戶」後點擊「查詢」。在窗口羅列的企業客戶列表中，找到實驗案例所涉及業務辦理的公司，即「廣東汕頭超聲電子股份有限公司」，選中公司後，點擊窗口右上方的 導入客戶信息 按鈕，便可在 登記查詢 中查詢到該公司名單。選擇后，點擊右上方的 鎖定 按鈕，對該公司進行系統鎖定。

操作2：將鼠標按界面標示移動至模擬平臺界面邊緣，系統自動彈出 我的任務 操作任務列表，在列表中找到「質押物擔保審批」業務，點擊 ☆操作 → 開啟任務 ，該業務在系統中便正式開啟。在開始業務操作之前，可先點擊「任務詳情」，仔細瀏覽申請該業務公司的情況說明。

操作3：業務開啟後，便可以選擇界面左側的 信貸業務 圖標，彈出信貸業務窗口。按照銀行信貸業務的審批流程，在角色切換窗口中，選擇「支行信貸員」，點擊 確認 按鈕，則進入支行信貸員的業務操作窗口。

點擊左側導航欄中的 擔保業務 → 啟動業務 ，在右側列表界面選擇

質押物擔保審批，系統彈出備選客戶列表，在列表中選擇實驗案例中的貸款申請人「廣東汕頭超聲電子股份有限公司」，點擊 啓動 按鈕，該企業便被列入「當前擔保業務」中。點擊左側導航欄中的 擔保業務 → 當前擔保業務，則可查看到當前處理的業務對象、工作類型、業務種類以及業務狀態（如圖1-1-19所示）。

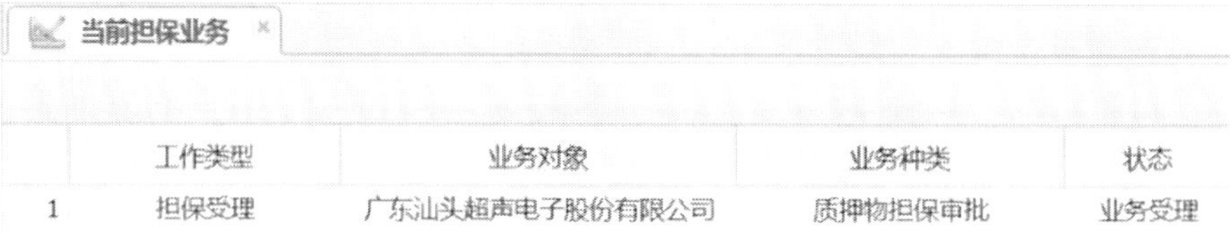

	工作类型	业务对象	业务种类	状态
1	担保受理	广东汕头超声电子股份有限公司	质押物担保审批	业务受理

圖1-1-19　查看當前擔保業務

　　雙擊該列擔保業務，或者單擊業務后，點擊右上方的 受理 按鈕，則出現「當前業務處理列表」。按列表的順序進行業務錄入，先雙擊選擇「質押物審批」，在彈出窗口中，點擊右上方的 新增 按鈕，在「新增-質押物清單」窗口中，錄入案例中的質押物相關信息（如圖1-1-20所示），點擊 保存 按鈕，擔保合同添加完畢。

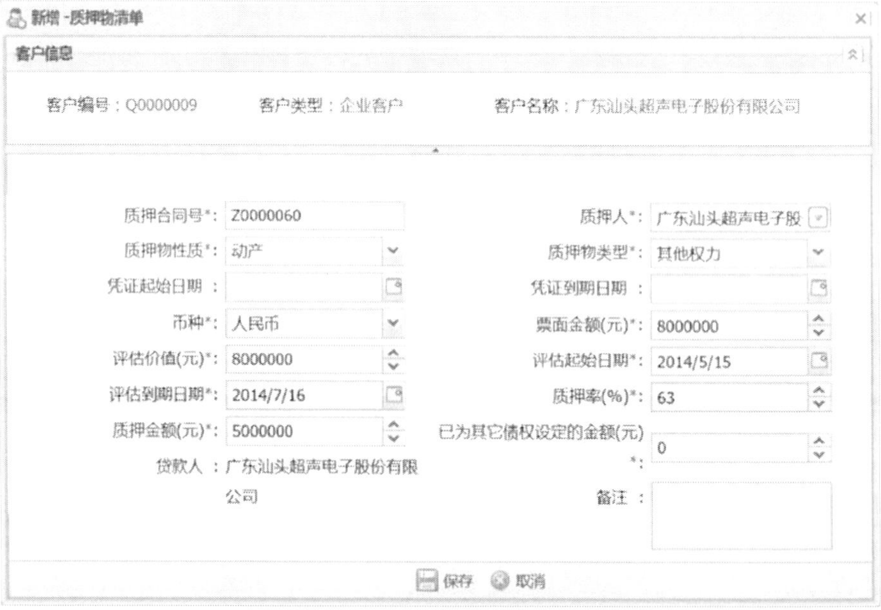

新增-质押物清单

客户信息
客户编号：Q0000009　　客户类型：企业客户　　客户名称：广东汕头超声电子股份有限公司

质押合同号*	Z0000060	质押人*	广东汕头超声电子股
质押物性质*	动产	质押物类型*	其他权力
凭证起始日期*		凭证到期日期*	
币种*	人民币	票面金额(元)*	8000000
评估价值(元)*	8000000	评估起始日期*	2014/5/15
评估到期日期*	2014/7/16	质押率(%)*	63
质押金额(元)*	5000000	已为其它债权设定的金额(元)*	0
贷款人	广东汕头超声电子股份有限公司	备注	

圖1-1-20　錄入相關信息

填寫時注意：

(1)「質押物合同號」由系統自動生成。

(2)「抵押物性質」要根據實際抵押物財產屬性判斷是動產還是權證。在本案例中，借款人用其 15 輛機動車作為抵押，因此為動產。

(3)「質押人」一般為借款人。

(4)「質押物類型」系統提供的可選擇項為定期、股權、銀行承兌匯票及其他權利。在本案例中，機動車不屬於權利憑證，屬於一般動產所有權，即其他權利。

(5)「評估起始日期」與「評估到期日期」之間的期間應覆蓋整個借款期間，即 2 個月。

(6)「質押率」要按照中國商業銀行的相關規定，質押期限在 1 個月以內的，質押率最高不超過 70%；質押期限在 3 個月以內的，質押率最高不超過 60%；質押期限在 6 個月以內的，質押率最高不超過 50%；質押期限在 6 個月以上的，質押率最高不超過 40%。

(7)「質押金額」即質押貸款額，計算公式為「質押貸款額＝質押物現值×質押率」。

關閉窗口后，繼續填寫「擔保客戶經理意見」。填寫時注意，「調查日期」要與案例中的業務申辦日期前后一致，不要隨便填寫日期，以保持業務操作的嚴謹性；「調查報告內容」按照案例中借款人提交的質押物實際信息，結合質押物評估的相關專業知識撰寫。

確保「質押物審批」和「擔保客戶經理意見」兩項的業務狀態均為「已填寫」后，可在界面下方選擇「同意」並點擊 提交 按鈕。至此，支行信貸員的審查、審批任務操作完畢。

操作 4：在界面右上方點擊 角色切換 按鈕，切換角色至「支行信貸科長」，點擊左側導航欄中的 當前擔保業務 按鈕，可看到該質押物擔保業務的狀態已切換至「支行信貸科審批」。選擇業務對象后，點擊 受理 按鈕，並對之前支行信貸員填寫的內容進行復查，確認沒問題后，選擇「同意」，並點擊 提交 按鈕。若存在問題，則選擇

「不同意」，將業務打回支行信貸員重新審查。

操作5：在界面右上方點擊 |角色切換| 按鈕，切換角色至「支行分管行長」，點擊左側導航欄中的 |當前擔保業務| 按鈕，可看到該質押物擔保業務的狀態已切換至「支行分管行長」，重複操作4的步驟，按照商業銀行由下至上的審查、審批原則，分別完成支行行長審批、總行信貸部初審員審查、總行信貸部副經理復審以及總行行長審批後，切換回支行信貸員角色完成擔保業務的確認。

操作6：上述任務完成後，在「我的任務」欄中，點擊 |☆操作| → |提交任務|，該項業務便在實驗系統中正式提交完成。點擊 |☆操作| → |任務詳情| → |操作情況|，可以查看辦理該項業務的所有操作流程，可供實驗報告流程寫作參考。

實驗報告要求

（1）在實驗報告中繪製質押物擔保業務的流程圖，並標註每個業務環節所涉及的銀行信貸業務人員、職位以及負責內容。

（2）在1.1.3中的抵押物擔保業務案例中，借款人使用機動車作為抵押物，而在本案例實驗中，借款人使用機動車作為質押物，請在報告中對上述兩個案例進行對比分析，對比同樣是機動車，作為抵押物和質押物的區別是什麼。

項目 1.2 授信業務

1.2.1 企業授信概述

授信的概念

授信可分為廣義的授信和狹義的授信。廣義授信是指銀行從事客戶調查、業務受理、分析評價、授信決策與實施、授信后的管理以及問題授信等各項授信活動。而狹義授信是指銀行對其業務職能部門和分支機構所轄服務區及客戶所規定的內部控制信用額度。在本項目的實驗中，所涉及的授信業務操作便是指的狹義授信。

在銀行信貸中的授信管理是指銀行對客戶額度授信的管理，即銀行根據信貸政策和客戶條件對法人客戶確定授信控制量，以控制風險、提高效率的管理制度。各銀行應根據國家貨幣信貸政策、各地區金融風險及客戶信用狀況，規定對各地區及客戶的最高授信額度。銀行各級業務職能部門及分支機構必須在規定的授信額度內對各地區及客戶進行授信。

授信額度的定義

授信額度是指銀行在客戶授信限額以內，根據客戶的還款能力和銀行的客戶政策最終決定給予客戶的授信總額。它是通過銀企雙方簽署的合約形式加以明確的。

授信額度依照每一筆信用貸款、單一法人客戶、集團公司等方式進行定義和監管，其具體定義如表 1-2-1 所示。

表 1-2-1　　　　　　　　　授信額度的具體定義

單筆貸款授信額度	單筆貸款授信額度主要指用於每個單獨批准在一定貸款條件（收入的使用、最終到期日、還款時間安排、定價、擔保等）下的貸款授信額度。根據貸款結構，單筆貸款授信額度適用於： ①被指定發放的貸款本金額度，一旦經過借貸和還款后，就不能再被重複借貸。 ②被批准於短期貸款、長期循環貸款和其他類型的授信貸款的最高的本金風險敞口額度。

表1-2-1(續)

借款企業額度	借款企業的信用額度是指銀行授予某個借款企業的所有授信額度的總和。
集團借款企業額度	集團借款額度指授予各個集團成員（包括提供給不同的子公司和分支機構）的授信額度的總和。貸款人應將固定資產貸款和流動資金貸款納入對借款人及借款人所在集團客戶的統一授信額度管理，並按區域、行業、貸款品種等維度建立固定資產貸款和流動資金貸款的風險限額管理制度。

目前，中國大部分銀行對客戶的授信實行的是統一授信制度，即銀行對單一法人客戶或企業集團客戶統一確定最高綜合授信額度，實施集中統一控制客戶信用風險的信貸管理制度。具體而言，統一授信是指銀行作為一個整體，按照一定標準和程度，對單一客戶統一確定授信額度，並加以集中統一控制的信用風險管理制度。統一授信項目中的業務品種包括貸款、商業匯票貼現、商業匯票承兌、保函等表內外授信業務，只要授信餘額不超過對應的業務品種額度，在企業經營狀況正常的前提下，企業可便捷地循環使用銀行的授信資金，從而滿足企業對金融服務快捷性和便利性的要求。

授信額度的決定因素

在授信業務中對一貸款企業進行授信額度的確認時，應在對以下因素進行評估和考慮的基礎上做出決策：

（1）瞭解並測算借款企業的需求並對其借款原因進行分析。

（2）客戶的還款能力，這主要取決於客戶的現金流。

（3）借款企業對借貸金額的需求。

（4）銀行或借款企業的法律或監督條款的限制，以及借款合同條款對公司借貸活動的限制。

（5）貸款組合管理的限制（限額管理）。

（6）銀行的客戶政策，即銀行針對客戶提出的市場策略，這取決於銀行的風險偏好和銀行對未來市場的判斷，將直接影響對客戶授信額度的大小。

（7）關係管理因素，即相對於其他銀行或債權人，銀行願意提供給借款企業的貸款數額和關係盈利能力。

對於每一個借款人的授信額度，通常可以反應出這些因素中任意一個所指明的最

低的數額，其中前兩個因素需要銀行借貸部門進行精細的分析。

授信額度的確定流程

在業務操作中，銀行信貸部門應按照以下的流程來確定授信額度（如圖 1-2-1 所示）：

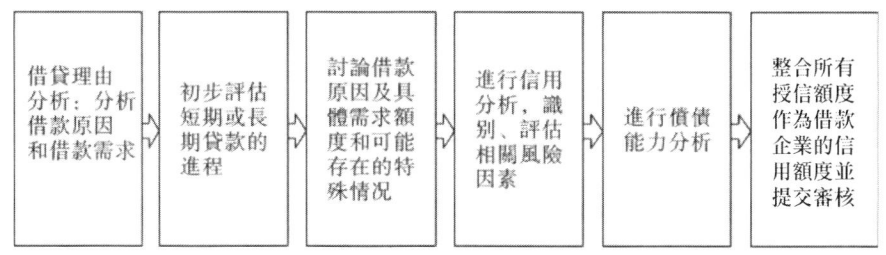

圖 1-2-1　確定授信額度的流程

1.2.2　單項授信業務實驗

實驗目的

（1）掌握單筆貸款授信業務的具體流程。

（2）掌握客戶調查報告的基本撰寫格式。

（3）對受信人的基本財務及非財務狀況進行分析並給出風險評價及授信建議。

實驗案例

安徽皖維高新材料股份有限公司於 1997 年成立，主要以化工、特種纖維、建材產品生產為主，經過數年經營，公司生產規模不斷擴大，2013 年向某商業銀行申請流動資金貸款 8,000 萬元，雙方於 6 月 15 日簽訂了借款合同，合同約定貸款利率在基準利率 5.75% 的基礎上下浮 10%，借款期限為 3 年，並以三棟總價值 1.2 億元的廠房作為抵押，同時該商業銀行建立單項授信關係，商業銀行給予該公司授信額度敞口 8,000 萬元，業務品種為流動資金貸款，還款方式為分期等額還款。

該筆單項授信業務現提交支行進行辦理，在為其辦理授信業務之前，先參照章節1.1.3的實驗內容，為該公司辦理抵押物擔保業務。完成擔保業務后，再處理單項授信業務。授信業務的辦理流程中，銀行方的審查、審批順序為支行信貸員→支行信貸科→支行分管行長→支行行長→總行信貸部→總行行長。請按該業務操作順序，分別扮演不同銀行部門角色完成對借款人的授信。

實驗步驟

　　操作1：用自己的學生帳號登錄信貸業務及風險管理模擬平臺，選擇界面左側的 客戶信息 圖標，彈出客戶信息窗口；在彈出窗口左側的導航欄中選擇 登記查詢 → 導入客戶信息 ，在客戶類型下拉選項框中選擇「企業客戶」后點擊「查詢」。在窗口羅列的企業客戶列表中，找到實驗案例所涉及業務辦理的公司，即「安徽皖維高新材料股份有限公司」，選中公司后，點擊窗口右上方的 導入客戶信息 按鈕，便可在 登記查詢 中查詢到該公司名單。選擇后，點擊右上方的 鎖定 按鈕，對該公司進行系統鎖定。

　　操作2：將鼠標按界面標示移動至模擬平臺界面邊緣，系統自動彈出 我的任務 操作任務列表，在列表中找到「單項授信」業務，點擊 ☆操作 → 開啓任務 ，該業務在系統中便正式開啓。在開始業務操作之前，可先點擊「任務詳情」，仔細瀏覽申請該業務的公司情況說明。

　　操作3：由於該公司以三棟總價值1.2億元的廠房作為抵押，因此在進行授信之前，先按照抵押物擔保業務的實驗步驟，對該公司的廠房辦理抵押物擔保業務（具體步驟參照章節1.1.3的實驗內容）。

　　操作4：完成抵押擔保業務后，回到「信貸業務」窗口，角色選擇「支行信貸員」，點擊左側導航欄中的 授信業務 → 啓動業務 ，在右側列表界面選擇 單項授信 ，系統彈出備選客戶列表，在列表中選擇實驗案例中的貸款申請人「安徽皖維高新材料股份有限公司」，點擊 啓動 按鈕，該企業便被列入「當前授信業務」中。點擊左側導

航欄中的 授信業務 → 當前授信業務，則可查看到當前處理的業務對象、工作類型、業務種類以及業務狀態（如圖 1-2-2 所示）。

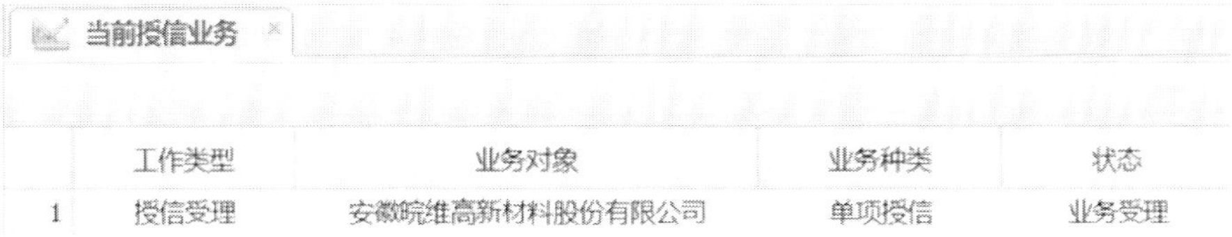

	工作类型	业务对象	业务种类	状态
1	授信受理	安徽皖维高新材料股份有限公司	单项授信	业务受理

圖 1-2-2　查看當前授信業務

雙擊該業務對象或選擇后點擊右上方的 受理 按鈕，系統彈出「當前業務處理列表」（如圖 1-2-3 所示），按處理列表中羅列的內容填寫或添加相關文件。

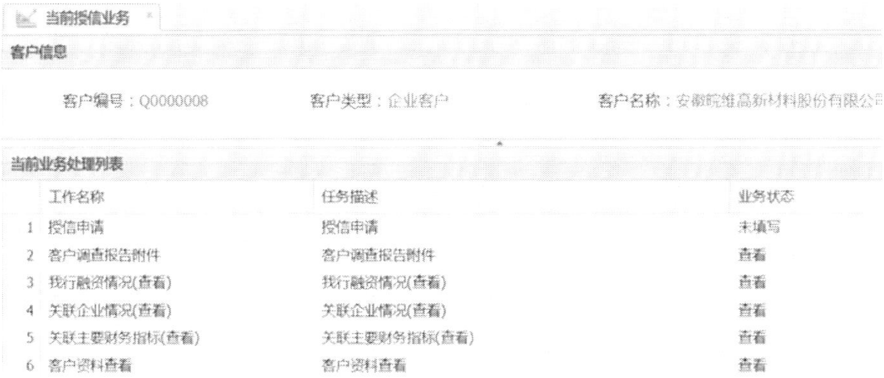

	工作名称	任务描述	业务状态
1	授信申请	授信申请	未填写
2	客户调查报告附件	客户调查报告附件	查看
3	我行融资情况(查看)	我行融资情况(查看)	查看
4	关联企业情况(查看)	关联企业情况(查看)	查看
5	关联主要财务指标(查看)	关联主要财务指标(查看)	查看
6	客户资料查看	客户资料查看	查看

圖 1-2-3　填寫或添加相關文件

（1）授信申請的填寫：雙擊「授信申請」任務，彈出「授信情況」窗口，點擊右上方的 新增 按鈕，在「新增-授信信息」窗口中填寫授信種類、還款方式、授信額度、起始日期、結束日期。本案例中，企業客戶是申請的流動資金貸款 8,000 萬元，填寫內容如圖 1-2-4 所示。注意在新增完授信信息后，要在授信情況下方如圖中標註所示，簡要填寫貸款用途及理由、償債能力、存貸比例、有利及不利因素、貸后風險以及授信建議等內容。

圖 1-2-4　填寫授信情況

（2）客戶資料查看：業務處理列表的第六項為「客戶資料查看」，雙擊進入可查詢該企業客戶的財務及非財務因素的詳細信息，包括近三年財務報表情況、股本信息、部門信息、高管信息、資質證書及許可證信息、擔保情況等（如圖 1-2-5 所示）。根據客戶資料，撰寫一份詳盡的《客戶調查報告》。

圖 1-2-5　查看客戶資料

(3)客戶調查報告附件：雙擊「客戶調查報告附件」，點擊 新增 按鈕，將撰寫好的《客戶調查報告》通過附件形式上傳至信貸模擬系統中（如圖1-2-6所示）。

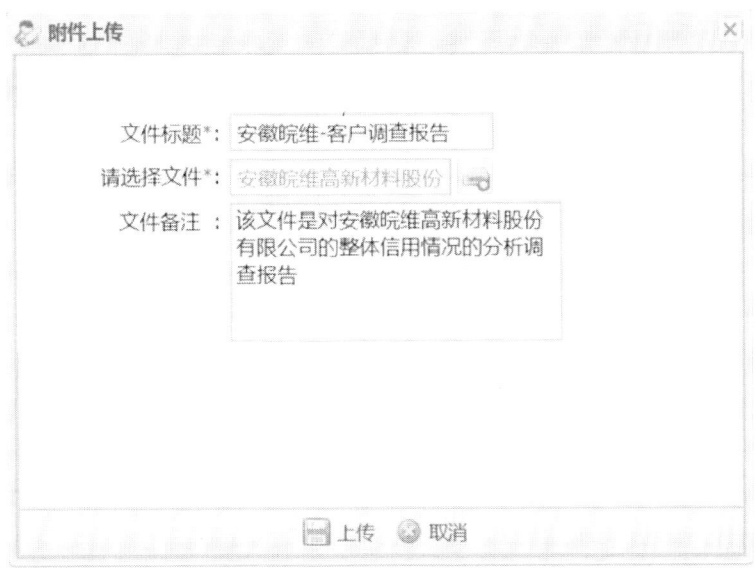

圖1-2-6　上傳客戶調查報告附件

上述任務列表填寫或上傳完成后，點擊窗口下方的 提交 按鈕，支行信貸員的授信初審部分便告完成。

操作5：在界面右上方點擊 角色切換 按鈕，切換角色至「支行信貸科長」，點擊左側導航欄中的 當前授信業務 按鈕，可看到該單項授信業務的狀態已切換至「支行信貸科審批」。選擇業務對象后，點擊 受理 按鈕，並對之前支行信貸員填寫的內容進行復查，確認沒問題后，選擇「同意」，並點擊 提交 按鈕。若存在問題，則選擇「不同意」，將業務打回支行信貸員重新審查。

操作6：完成后，繼續切換角色至「支行分管行長」，重複操作5的步驟，按照商業銀行由下至上的審查、審批原則，分別完成支行行長審批、總行信貸部初審員審查、總行信貸部副經理復審以及總行行長審批后，切換回支行信貸員角色完成單項授信業務的確認。

操作 7：上述任務完成後，在「我的任務」欄中，點擊 ☆操作 → 提交任務，該項業務便在實驗系統中正式提交完成。點擊 ☆操作 → 任務詳情 → 操作情況，可以查看辦理該項業務的所有操作流程，可供實驗報告流程寫作參考。

實驗報告要求

（1）在實驗報告中繪製單項授信業務的流程圖，並標註每個業務環節所涉及的銀行信貸業務人員、職位以及負責內容。

（2）將操作4中要求撰寫的《客戶調查報告》作為附件添加進實驗報告中。注意報告撰寫應按照商業銀行授信調查報告的一般格式撰寫，內容包含受信人基本情況、受信人經營活動分析、貸款用途及期限分析、受信人財務分析、受信人競爭能力分析、擔保措施分析、授信收益分析、風險分析及風險防範措施以及基本分析結論。撰寫報告的信息和數據以「安徽皖維高新材料股份有限公司」的真實數據為準，可在信貸模擬平臺中查詢，也可通過行情軟件的F10查詢該上市公司（皖維高新600063）的詳細數據。

1.2.3 年度統一授信業務實驗

實驗目的

（1）熟悉統一授信的基本概念及其與單項授信業務的區別。
（2）掌握年度統一授信業務的基本流程。
（3）瞭解年度統一授信額度核定的方法。

實驗案例

2014年年初，某銀行對陝西煉石有色資源股份有限公司年度統一授信額度為3,000萬元。2014年4月20日，陝西煉石有色資源股份有限公司為鍊鉬分離項目的開發，擬斥資5,000萬元採購設備、興建廠房等，為此向該行的某縣支行貸款1,000萬元的流動

資金，借款期限為 5 年，還款方式為分期非等額還款，公司以一棟辦公樓（價值 1,300 萬元）和兩輛加長奔馳轎車（價值 200 萬元）設定抵押，並辦理了抵押登記。

該筆年度統一授信業務現提交支行進行辦理，在為其辦理授信業務之前，先參照章節 1.1.3 的實驗內容，為該公司辦理抵押物擔保業務。完成擔保業務后，再處理年度統一授信業務。授信業務的辦理流程中，銀行方的審查、審批順序為支行信貸員→支行信貸科→支行分管行長→支行行長→總行信貸部→總行行長。請按該業務操作順序，分別扮演不同銀行部門角色完成對借款人的授信。

實驗步驟

操作 1：用自己的學生帳號登錄信貸業務及風險管理模擬平臺，選擇界面左側的 客戶信息 圖標，彈出客戶信息窗口；在彈出窗口左側的導航欄中選擇 登記查詢 → 導入客戶信息，在客戶類型下拉選項框中選擇「企業客戶」后點擊「查詢」。在窗口羅列的企業客戶列表中，找到實驗案例所涉及業務辦理的公司，即「陝西煉石有色資源股份有限公司」，選中公司后，點擊窗口右上方的 導入客戶信息 按鈕，便可在 登記查詢 中查詢到該公司名單。選擇后，點擊右上方的 鎖定 按鈕，對該公司進行系統鎖定。

操作 2：將鼠標按界面標示移動至模擬平臺界面邊緣，系統自動彈出 我的任務 操作任務列表，在列表中找到「年度統一授信」業務，點擊 ☆操作 → 開啟任務，該業務在系統中便正式開啟。在開始業務操作之前，可先點擊「任務詳情」，仔細瀏覽申請該業務的公司情況說明。

操作 3：由於該公司以一棟辦公樓（價值 1,300 萬元）和兩輛加長奔馳轎車（價值 200 萬元）設定抵押，因此在進行統一授信之前，先按照抵押物擔保業務的實驗步驟，對該公司的辦公樓和轎車辦理抵押物擔保業務（具體步驟參照章節 1.1.3 的實驗內容）。

操作4：完成抵押擔保業務后，回到信貸業務窗口，角色選擇「支行信貸員」，點擊左側導航欄中的 授信業務 → 啓動業務 ，在右側列表界面選擇 年度統一授信 ，系統彈出備選客戶列表，在列表中選擇實驗案例中的貸款申請人「陝西煉石有色資源股份有限公司」，點擊 啓動 按鈕，該企業便被列入「當前授信業務」中。點擊左側導航欄中的 授信業務 → 當前授信業務 ，則可查看到當前處理的業務對象、工作類型、業務種類以及業務狀態（如圖1-2-7所示）。

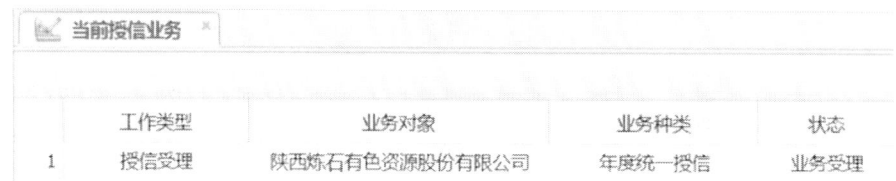

圖1-2-7 查看當前授信業務

雙擊該業務對象或選擇后點擊右上方的 受理 按鈕，系統彈出「當前業務處理列表」，按處理列表中羅列的內容填寫或添加相關文件。

（1）年度授信申請的填寫：雙擊「年度統一授信」任務，彈出「客戶信息」及「授信情況」窗口，首先在「授信情況」右上方點擊 新增 按鈕，在「新增-授信信息」窗口中填寫授信種類、還款方式、授信額度、起始日期、結束日期。本案例中，企業客戶的年度統一授信額度為3,000萬元，客戶在年度統一授信額度以內申請的1,000萬元流動性資金貸款，因此先新增一筆流動資金貸款（如圖1-2-8所示），新增完成后，該筆授信數據便會出現在上方的「客戶信息」窗口中（如圖1-2-9所示）。然后，按要求完善「客戶信息」表格的內容，主要包括企業發展前景、銀企合作關係等非定性分析和授信額度核定等定性分析指標。

第一部分　公司信貸業務實驗　31

圖 1-2-8　新增授信信息

圖 1-2-9　填寫客戶信息

（2）客戶資料查看：業務處理列表的第六項為「客戶資料查看」，根據客戶資料，撰寫一份詳盡的《客戶調查報告》。

（3）客戶調查報告附件：雙擊「客戶調查報告附件」，點擊 新增 按鈕，將撰寫好的《客戶調查報告》通過附件形式上傳至信貸模擬系統中。

上述任務列表填寫或上傳完成后，點擊窗口下方的 提交 按鈕，支行信貸員的授信初審部分便告完成。

操作5：在界面右上方點擊 角色切換 按鈕，切換角色至「支行信貸科長」，點擊左側導航欄中的 當前授信業務 按鈕，可看到該年度統一授信業務的狀態已切換至「支行信貸科審批」。選擇業務對象后，點擊 受理 按鈕，並對之前支行信貸員填寫的內容進行復查，確認沒問題后，選擇「同意」，並點擊 提交 按鈕。若存在問題，則選擇「不同意」，將業務打回支行信貸員重新審查。

操作6：完成后，繼續切換角色至「支行分管行長」，重複操作5的步驟，按照商業銀行由下至上的審查、審批原則，分別完成支行行長審批、總行信貸部初審員審查、總行信貸部副經理復審以及總行行長審批后，切換回支行信貸員角色完成年度統一授信業務確認。

操作7：上述任務完成后，在「我的任務」欄中，點擊 ☆操作 → 提交任務 ，該項業務便在實驗系統中正式提交完成。點擊 ☆操作 → 任務詳情 → 操作情況 ，可以查看辦理該項業務的所有操作流程，可供實驗報告流程寫作參考。

實驗報告要求

（1）在實驗報告中解釋年度統一授信業務與單項授信業務之間的區別。

（2）實驗操作4中，系統給出了授信額度的定性分析相關指標，但指標比較單一，請根據所學專業知識，在實驗報告中撰寫授信額度核定常用參考指標，以及分析指標值高低對授信額度核定的影響。

項目 1.3　企業貸款業務

1.3.1　企業貸款業務概述

企業貸款的概念

　　企業貸款也可稱為公司貸款，是指企業為了生產經營的需要，向銀行或其他金融機構按照規定利率和期限的一種借款方式。企業的貸款主要是用來進行固定資產購建、技術改造等大額長期投資，也可用於短期臨時資金週轉需要的流動性資金貸款等。企業貸款是銀行信貸業務的主體，屬於公司信貸的表內業務。

企業貸款業務的種類

　　目前商業銀行企業貸款業務的種類有很多劃分方式，如按期限可劃分為短期、中期、長期貸款，按用途劃分為流動資金和固定資產貸款，按有無擔保劃分為信用貸款和擔保貸款，按貸款利率劃分為固定利率貸款和浮動利率貸款等。中國大部分商業銀行在處理企業向銀行申請貸款時，一般是按照貸款用途來細分業務種類進行申請和受理的。常見的銀行企業貸款業務種類如表 1-3-1 所示：

表 1-3-1　　　　　　　　　　　常見的銀行企業貸款業務種類

流動資金貸款	流動資金貸款是為滿足借款企業在生產經營過程中臨時性、季節性的資金需求，保證生產經營活動的正常進行而發放的貸款。 　　其特點是期限靈活，能夠滿足借款企業臨時性、短期和中期流動資金需求，按期限可分為臨時流動資金貸款、短期流動資金貸款和中期流動資金貸款。 　　臨時貸款是指期限在 3 個月（含 3 個月）以內的流動資金貸款，主要用於企業一次性進貨的臨時需要和彌補其他季節性支付資金不足。 　　短期貸款是指期限為 3 個月至 1 年（不含 3 個月，含 1 年）的流動資金貸款，主要用於企業正常生產經營週轉的資金需求。 　　中期貸款是指期限為 1 年至 3 年（不含 1 年，含 3 年）的流動資金貸款，主要用於企業正常生產經營中經常性的週轉占用和鋪底流動資金貸款。

表1-3-1(續)

固定資產貸款	固定資產貸款是指銀行向借款企業發放的用於固定資產項目投資的中長期本外幣貸款，一般包括基本建設貸款和技術改造貸款。 基本建設貸款是指用於經有權機關批准的基本建設項目的中長期貸款。基本建設項目是指按一個總體設計，由一個或幾個單項工程所構成或組成的工程項目的總和，包括新建項目、擴建項目、全廠性遷建項目、恢復性重建項目等。 技術改造貸款是指用於經有權機關批准的技術改造項目的中長期貸款。技術改造項目是指在企業原有生產經營的基礎上，採用新技術、新設備、新工藝、新材料，推廣和應用科技成果進行的更新改造工程。
房地產貸款	房地產貸款是指與房產或地產的開發、經營、消費活動有關的貸款，主要包括土地儲備貸款、房地產開發貸款。 土地儲備貸款是指向借款人發放的用於土地收購及土地前期開發、整理的貸款。 房地產開發貸款是指向借款人發放的用於開發、建造、向市場銷售、出租等用途的房地產項目的貸款。包含住房開發貸款和商用房開發貸款。
項目融資貸款	項目融資貸款是指符合以下特徵的貸款： ①貸款用途通常是用於建造一個或一組大型生產裝置、基礎設施、房地產項目或其他項目，包括對在建或已建項目的再融資； ②借款人通常是為建設、經營該項目或為該項目融資而專門組建的企業、事業法人，包括主要從事該項目建設、經營或融資的既有企業、事業法人； ③還款資金來源主要依賴該項目產生的銷售收入、補貼收入或其他收入，一般不具備其他還款來源。
併購貸款	併購貸款是指商業銀行向併購方或其子公司發放的，用於支付併購交易價款的貸款。

在本章節的項目實驗中，還涉及按貸款償還方式劃分的貸款類別，即一次還清貸款和分期償還貸款（企業按揭貸款）。前者是指借款人在貸款到期時一次性還清貸款本息（短期貸款通常採取一次還清貸款的還款方式）；后者是指借款人與銀行約定在貸款期限內分若干期償還貸款本金。中長期貸款採用分期償還方式，中長期消費貸款還需按季或按月償還貸款。

企業貸款基本申請條件

（1）符合國家的產業、行業政策，不屬於高污染、高耗能的小企業。

（2）企業在各家商業銀行信譽狀況良好，沒有不良信用記錄。

（3）具有工商行政管理部門核准登記且年檢合格的營業執照，持有人民銀行核發並正常年檢的貸款卡。

（4）有必要的組織機構、經營管理制度和財務管理制度，有固定依據和經營場所，合法經營，產品有市場、有效益。

（5）具備履行合同、償還債務的能力，還款意願良好，無不良信用記錄，信貸資產風險分類為正常類或非財務因素影響的關注類。

（6）企業經營者或實際控制人從業經歷在 3 年以上，素質良好，無不良個人信用記錄。

（7）企業經營情況穩定，成立年限原則上在 2 年（含）以上，至少有一個及以上年度財務會計報告，且連續 2 年銷售收入增長、毛利潤為正值。

（8）符合建立與小企業業務相關的行業信貸政策。

（9）能遵守國家金融法規政策及銀行有關規定。

（10）在申請行開立基本結算帳戶或一般結算帳戶。

企業貸款申請材料

（1）企業營業執照、組織機構代碼證、開戶許可證、稅務登記證、公司章程、驗資報告、貸款卡。

（2）近三年的年報，最近三個月的財務報表，公司近六個月的對公帳單。

（3）經營場地租賃合同及租金支付憑據，近三個月的水、電費單。

（4）近六個月的各項稅單，已簽約的購銷合同（若有）。

（5）企業名下的資產證明。

不同銀行對企業貸款申請材料的要求有所差異。

1.3.2　企業流動資金貸款業務實驗

實驗目的

（1）掌握流動資金貸款的概念。

（2）熟悉流動資金貸款的審查項目及審查、審批流程。

（3）熟悉流動資金貸款的貸前客戶貸款申請書、貸款合同、放款通知書等內容的填寫。

實驗案例

深圳市海王生物工程股份有限公司（以下簡稱「公司」）成立於1989年，註冊資金7,460萬元。公司經營範圍主要為生產經營生物化學原料、製品、試劑及其他相關製品等。

2003年公司新項目正式經營，最初經營尚可，但是財務管理較為薄弱。2008年公司開始受到金融危機的影響，海外訂單減少，公司的銷售回款緩慢，應收帳款數額巨大，導致公司對其供貨商付款遲緩，影響了公司的信譽。

為了在年底使財務現金狀況好轉，支付部分應付帳款以及員工工資，2008年10月15日，公司首次申請流動資金貸款1,200萬元左右，銀行給予該公司單項授信額度1,200萬元，雙方簽訂貸款合同，合同約定，貸款利率在基準利率5.75%的基礎上下浮10%，期限3年，還款方式為分期非等額還款，抵押物為第三方位於深圳市的某寫字樓，總面積為2,000平方米左右（價值1,900萬元）。

實驗步驟

操作1：用自己的學生帳號登錄信貸業務及風險管理模擬平臺，選擇界面左側的 客戶信息 圖標，彈出客戶信息窗口；在彈出窗口左側的導航欄中選擇 登記查詢 → 導入客戶信息 ，在客戶類型下拉選項框中選擇「企業客戶」后點擊「查詢」。在窗口羅列的企業客戶列表中，找到實驗案例所涉及業務辦理的公司，即「深圳市海王生物工程股份有限公司」，選中公司后，點擊窗口右上方的 導入客戶信息 按鈕，便可在 登記查詢 中查詢到該公司名單。選擇后，點擊右上方的 鎖定 按鈕，對該公司進行系統鎖定。

操作2：將鼠標按界面標示移動至模擬平臺界面邊緣，系統自動彈出 我的任務 操

作任務列表，在列表中找到「企業流動資金貸款」業務，點擊 ☆操作 → 開啟任務，該業務在系統中便正式開啟。在開始業務操作之前，可先點擊「任務詳情」，仔細瀏覽申請該業務的公司情況說明。

操作3：由於該公司以第三方位於深圳市的某寫字樓做抵押擔保，因此業務第一步是先按照抵押物擔保業務的實驗步驟，對該公司辦理抵押物擔保業務（具體步驟參照章節1.1.3的實驗內容）。

操作4：按照案例說明，此次流動性貸款的授信額度為單項授信，因此在完成抵押擔保后，為該公司進行單項授信業務，授信額度為1,200萬元（具體步驟參照章節1.2.2的實驗內容）。

操作5：完成擔保和授信以後，回到信貸業務窗口，角色選擇「支行信貸員」，點擊左側導航欄中的 企業貸款 → 啟動業務，在右側列表界面選擇「企業流動資金貸款」，系統彈出備選客戶列表，在列表中選擇實驗案例中的貸款申請人「深圳市海王生物工程股份有限公司」，點擊 啟動 按鈕，該企業便被列入「當前信貸業務」中。點擊左側導航欄中的 企業貸款 → 當前信貸業務，則可查看到當前處理的業務對象、工作類型、業務種類以及業務狀態（如圖1-3-1所示）。

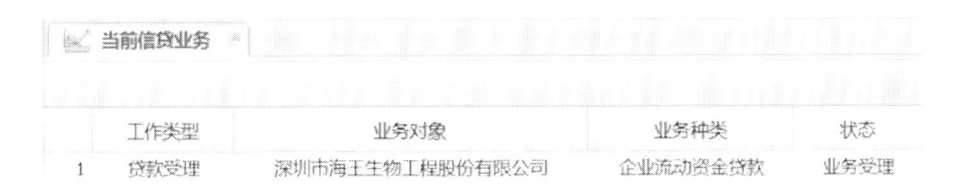

	工作類型	業務對象	業務種類	狀態
1	貸款受理	深圳市海王生物工程股份有限公司	企業流動資金貸款	業務受理

圖1-3-1　啟動業務

雙擊該業務對象或選擇后點擊右上方的 受理 按鈕，系統彈出「當前業務處理列表」，依次填寫任務列表中要求的內容（如圖1-3-2所示）。

（1）貸款申請：雙擊「貸款申請」，在彈出貸款申請表格后，按申請企業實際情況填寫*標註的必填信息（如圖1-3-3所示）。填寫時注意，利率要由年利率轉換為月利率，若有利率上、下浮情況，將上、下浮幅度填寫進表格，系統會自動計算出浮動月利率，不需要自行計算。

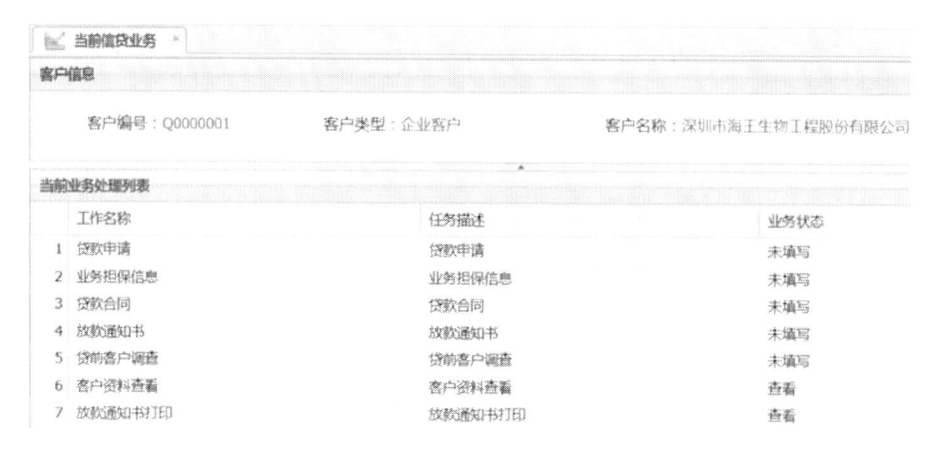

圖 1-3-2　打開當前信貸業務窗口

圖 1-3-3　填寫信息

（2）業務擔保信息：在「新增-業務擔保信息」中，按企業擔保的實際情況選填擔保方式、幣種、擔保金額、是否有效以及擔保屬性（如圖 1-3-4 所示）。其中，擔保金額一般與貸款授信額度一致；擔保屬性分逐筆擔保和最高額擔保，若企業是單項授信，那就是選擇逐筆擔保，若企業是年度統一授信，在統一授信下有多項信貸業務，則選最高額擔保；合同編號的填寫要與操作 3 完成的抵押擔保業務中生成的抵押合同號一致。

圖 1-3-4　新增業務擔保信息

（3）貸款合同：當填寫完貸款申請表格與業務擔保信息之後，貸款合同內容會基於已填寫信息自動生成，只需要填寫合同起止日期以及簽約日期即可保存（如圖 1-3-5 所示）。

圖 1-3-5　保存貸款合同

（4）放款通知書：填寫放款通知書時，注意放款金額與銀行批准的單項授信金額一致；科目填寫要選擇與企業流動性資金貸款契合的項目，比如在本案例中，海王生物工程公司是屬於工業企業，其貸款屬於抵押貸款，因此選擇工業抵押質押貸款；放款日期要確保在合同簽訂日期之後；貸款投向編碼為5位數，可任意填寫（如圖1-3-6所示）。

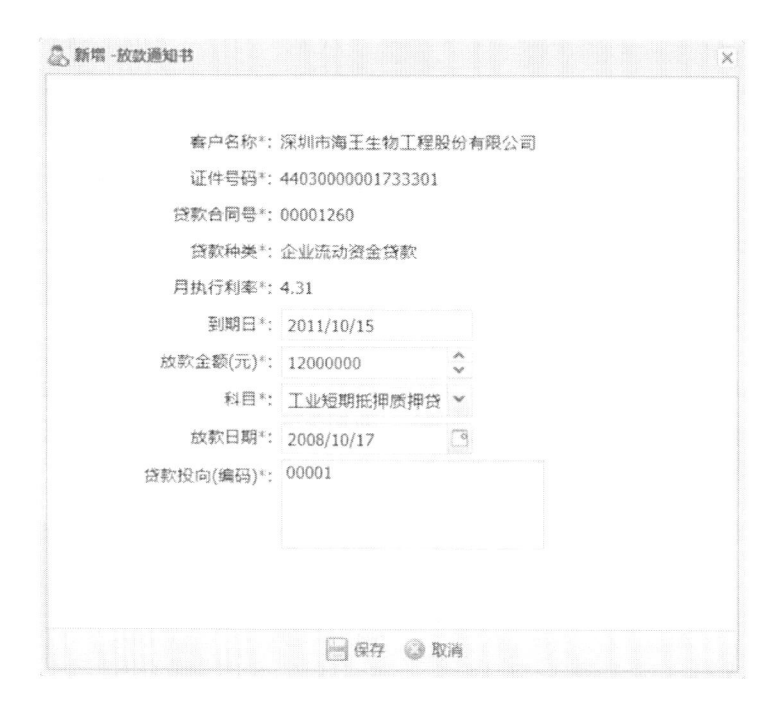

圖 1-3-6　填寫放款通知書

（5）貸前客戶調查：按照彈出窗口中每項的內容說明進行簡要填寫，結合所學知識和案例公司的基本情況，主要說明企業所屬行業的基本情況及企業競爭優勢；從長期短期償債能力、營運能力、盈利能力等方面概述財務狀況；根據案例簡述企業申請貸款的原因、用途及還款來源；在系統中查詢客戶信用信息並對客戶信用狀況進行簡要分析；對客戶提供的抵押物進行評價；對該筆貸款的風險和防範措施進行說明；結合該筆貸款的利息收入簡述該業務給銀行帶來的相關效益。最后綜述調查人意見，給出是否建議批准貸款的結論。

上述任務列表填寫完成后，點擊窗口下方的 提交 按鈕，支行信貸員的授信初審

部分便告完成。

操作6：在界面右上方點擊 |角色切換| 按鈕，切換角色至「支行信貸科長」，點擊左側導航欄中的 |當前信貸業務| 按鈕，可查看到該貸款業務的狀態已切換至「支行信貸科審批」。選擇業務對象后，點擊 |受理| 按鈕，並對之前支行信貸員填寫的內容進行復查，確認沒問題后，選擇「同意」，並點擊 |提交| 按鈕。若存在問題，則選擇「不同意」，將業務打回支行信貸員重新審查。完成后，繼續切換角色至「支行分管行長」，按照商業銀行由下至上的審查、審批原則，最后將業務提交至支行行長審批后，切換回支行信貸員角色完成該項企業流動資金貸款業務的確認。

操作7：上述任務完成后，在「我的任務」欄中，點擊 |☆操作| → |提交任務|，該項業務便在實驗系統中正式提交完成。點擊 |☆操作| → |任務詳情| → |操作情況|，可以查看辦理該項業務的所有操作流程，可供實驗報告流程寫作參考。

實驗報告要求

（1）在實驗報告中繪製企業流動資金貸款業務的流程圖，並標註每個業務環節所涉及的銀行信貸業務人員、職位以及負責內容。

（2）在系統的客戶信息中查詢深圳市海王生物工程股份有限公司的實際情況，根據系統給出的相關信息和數據，對操作5當中的「貸前調查報告」中要求撰寫的內容進行詳細分析，並在實驗報告中呈現。

1.3.3 企業房地產貸款業務實驗

實驗目的

（1）掌握企業房地產貸款的概念。

（2）熟悉房地產貸款的審查項目及審查、審批流程。

（3）熟悉房地產貸款的貸前客戶貸款申請書、貸款合同、放款通知書等內容的

填寫。

（4）掌握商業用房開發貸款與住房開發貸款的區別。

實驗案例

浙江久立特材科技股份有限公司成立於 1988 年，註冊資本 31,200 萬元，法定代表人周志江。2015 年 3 月 28 日以開發「北亞大廈」和「黃金公寓」為由向銀行申請貸款 3 億元。銀行給予該公司單項授信額度 3 億元。雙方簽訂借款合同，合同約定，貸款利率在基準利率 5.75% 的基礎上下浮 12%，期限為 5 年，還款方式為按月結息，到期還本，並由中核華原鈦白股份有限公司提供連帶責任保證擔保。

該筆房地產貸款業務現提交支行進行辦理，在為其辦理授信業務之前，先參照章節 1.1.2 的實驗內容，為該公司辦理保證擔保業務。完成擔保業務後，再處理 3 億元的單項授信業務。最后，在房地產貸款業務的辦理流程中，銀行方的審查、審批順序為支行信貸員→支行信貸科→支行分管行長→支行行長。請按該業務操作順序，分別扮演不同銀行部門角色完成對借款人的房地產貸款受理和放款。

實驗步驟

操作 1：用自己的學生帳號登錄信貸業務及風險管理模擬平臺，選擇界面左側的 客戶信息 圖標，彈出客戶信息窗口；在彈出窗口左側的導航欄中選擇 登記查詢 → 導入客戶信息，在客戶類型下拉選項框中選擇「企業客戶」后點擊「查詢」。在窗口羅列的企業客戶列表中，找到實驗案例所涉及業務辦理的公司，即「浙江久立特材科技股份有限公司」，選中公司后，點擊窗口右上方的 導入客戶信息 按鈕，便可在 登記查詢 中查詢到該公司名單。選擇后，點擊右上方的 鎖定 按鈕，對該公司進行系統鎖定。同時導入「中核華原鈦白股份有限公司」，因為該公司為浙江久立特的保證人。

操作 2：將鼠標按界面標示移動至模擬平臺界面邊緣，系統自動彈出 我的任務 操作任務列表，在列表中找到「企業房地產貸款」業務，點擊 ☆操作 → 開啟任務，該業務在系統中便正式開啟。在開始業務操作之前，可先點擊「任務詳情」，仔細瀏覽

申請該業務的公司情況說明。

操作 3：由於該公司由中核華原鈦白股份有限公司提供連帶責任保證擔保，因此業務第一步是先按照保證人擔保業務的實驗步驟，對該公司辦理保證擔保業務（具體步驟參照章節 1.1.2 的實驗內容）。

操作 4：按照案例說明，此次房地產貸款的授信額度為單項授信，因此在完成保證擔保后，為該公司進行單項授信業務的辦理，授信額度為 3 億元（具體步驟參照章節 1.2.2 的實驗內容）。

操作 5：完成擔保和授信以后，回到「信貸業務」窗口，角色選擇「支行信貸員」，點擊左側導航欄中的 企業貸款 → 啓動業務 ，在右側列表界面選擇「企業房地產貸款」，系統彈出備選客戶列表，在列表中選擇實驗案例中的貸款申請人「浙江久立特材科技股份有限公司」，點擊 啓動 按鈕，該企業便被列入「當前信貸業務」中。點擊左側導航欄中的 企業貸款 → 當前信貸業務 ，則可查看到當前處理的業務對象、工作類型、業務種類以及業務狀態。

雙擊該業務對象或選擇后點擊右上方的 受理 按鈕，系統彈出「當前業務處理列表」，依次填寫任務列表中要求的內容（具體填寫要求參照章節 1.3.2 的實驗步驟）。上述任務列表填寫完成后，點擊窗口下方的 提交 按鈕，支行信貸員的授信初審部分便告完成。

操作 6：在界面右上方點擊 角色切換 按鈕，切換角色至「支行信貸科長」，點擊左側導航欄中的 當前信貸業務 按鈕，可查看到該貸款業務的狀態已切換至「支行信貸科審批」。選擇業務對象后，點擊 受理 按鈕，並對之前支行信貸員填寫的內容進行復查，確認沒問題后，選擇「同意」，點擊 提交 按鈕。若存在問題，則選擇「不同意」，將業務打回支行信貸員重新審查。完成后，繼續切換角色至「支行分管行長」，按照商業銀行由下至上的審查、審批原則，完成支行行長審批后，切換回支行信貸員角色完成該項企業房地產貸款業務的確認。

操作 7：上述任務完成后，在「我的任務」欄中，點擊 ☆操作 → 提交任務 ，該

項業務便在實驗系統中正式提交完成。點擊 ☆操作 → 任務詳情 → 操作情況，可以查看辦理該項業務的所有操作流程，可供實驗報告流程寫作參考。

實驗報告要求

（1）在實驗報告中繪製企業房地產貸款業務的流程圖，並標註每個業務環節所涉及的銀行信貸業務人員、職位以及負責內容。

（2）在本章節案例中，若浙江久立特準備貸款開發的「北亞大廈」為商用房開發項目，而「黃金公寓」為住房開發項目，請自行調查中國各大商業銀行的企業房地產貸款業務的相關信息，對比中國現今商業銀行在商用房開發貸款和住房開發貸款業務要求中的區別。

1.3.4　企業固定資產貸款業務實驗

實驗目的

（1）掌握企業固定資產貸款的概念。
（2）瞭解企業房地產貸款與固定資產貸款的區別。
（3）熟悉固定資產貸款的審查項目及審查、審批流程。
（4）熟悉固定資產貸款的貸前客戶貸款申請書、貸款合同、放款通知書等內容的填寫。
（5）掌握一筆保證貸款業務中連帶責任擔保與一般擔保的區別。

實驗案例

中核華原鈦白股份有限公司因生產經營需要擬對現有生產車間進行擴建，擴建項目總建築面積 14,767 平方米，總投資規模 7 億元，為此中核華原鈦白股份有限公司向甘肅某銀行申請項目建設貸款 3 億元，該項目取得全部審批文件，項目符合國家的產業、土地、環保等相關政策額，並按規定履行了固定資產投資項目的合法管理程序。

2015 年 3 月 9 日，該銀行對中核華原鈦白股份有限公司單項授信 3 億元，同時中

核華原鈦白有限公司與銀行簽訂了借款合同，合同約定借款期限為5年，貸款利率在基準利率5.75%的基礎上下浮12%，還款方式為分期等額還款。同時浙江久立特材科技股份有限公司為其提供連帶責任保證擔保。

該筆固定資產貸款業務現提交支行進行辦理，在為其辦理貸款業務之前，先參照章節1.1.2和1.2.2的實驗內容，為該公司辦理保證擔保業務和單項授信業務。在處理固定資產貸款業務的辦理流程中，銀行方的審查、審批順序為支行信貸員→支行信貸科→支行分管行長→支行行長。請按該業務操作順序，分別扮演不同銀行部門角色完成對借款人的固定資產貸款受理和放款。

實驗步驟

操作1：用自己的學生帳號登錄信貸業務及風險管理模擬平臺，選擇界面左側的 客戶信息 圖標，彈出客戶信息窗口；在彈出窗口左側的導航欄中選擇 登記查詢 → 導入客戶信息 ，在客戶類型下拉選項框中選擇「企業客戶」后點擊「查詢」。在窗口羅列的企業客戶列表中，找到實驗案例所涉及業務辦理的公司，即「中核華原鈦白股份有限公司」，選中公司后，點擊窗口右上方的 導入客戶信息 按鈕，便可在 登記查詢 中查詢到該公司名單。選擇后，點擊右上方的 鎖定 按鈕，對該公司進行系統鎖定。同時導入「浙江久立特材科技股份有限公司」，因為該公司為中核華原鈦白的保證人。

操作2：將鼠標按界面標示移動至模擬平臺界面邊緣，系統自動彈出 我的任務 操作任務列表，在列表中找到「企業固定資產貸款」業務，點擊 ☆操作 → 開啓任務 ，該業務在系統中便正式開啓。在開始業務操作之前，可先點擊「任務詳情」，仔細瀏覽申請該業務的公司情況說明。

操作3：由於該公司由浙江久立特材科技股份有限公司提供連帶責任保證擔保，因此業務第一步是先按照保證人擔保業務的實驗步驟，對該公司辦理保證擔保業務（具體步驟參照章節1.1.2的實驗內容）。

操作4：按照案例說明，此次固定資產貸款的授信額度為單項授信，因此在完成保證擔保后，為該公司進行單項授信業務的辦理，授信額度為3億元（具體步驟參照章

節 1.2.2 的實驗內容)。

操作 5：完成擔保和授信以後，回到信貸業務窗口，角色選擇「支行信貸員」，點擊左側導航欄中的 企業貸款 → 啓動業務，在右側列表界面選擇 企業固定資產貸款，系統彈出備選客戶列表，在列表中選擇實驗案例中的貸款申請人「中核華原鈦白股份有限公司」，點擊 啓動 按鈕，該企業便被列入「當前信貸業務」中。點擊左側導航欄中的 企業貸款 → 當前信貸業務，則可查看到當前處理的業務對象、工作類型、業務種類以及業務狀態。雙擊該業務對象或選擇后點擊右上方的 受理 按鈕，系統彈出「當前業務處理列表」，依次填寫任務列表中要求的內容（具體填寫要求參照章節 1.3.2 的實驗步驟）。上述任務列表填寫完成后，點擊窗口下方的 提交 按鈕，支行信貸員的授信初審部分便告完成。

操作 6：在界面右上方點擊 角色切換 按鈕，切換角色至「支行信貸科長」，點擊左側導航欄中的 當前信貸業務，可查看到該貸款業務的狀態已切換至「支行信貸科審批」。選擇業務對象后，點擊 受理 按鈕，並對之前支行信貸員填寫的內容進行復查，確認沒問題后，選擇「同意」，並點擊 提交 按鈕。若存在問題，則選擇「不同意」，將業務打回支行信貸員重新審查。完成后，繼續切換角色至「支行分管行長」，按照商業銀行由下至上的審查、審批原則，完成支行行長審批后，切換回支行信貸員角色，完成該項企業固定資產貸款業務的確認。

操作 7：上述任務完成后，在「我的任務」欄中，點擊 ☆操作 → 提交任務，該項業務便在實驗系統中正式提交完成。點擊 ☆操作 → 任務詳情 → 操作情況，可以查看辦理該項業務的所有操作流程，可供實驗報告流程寫作參考。

實驗報告要求

（1）在實驗報告中繪製企業固定資產貸款業務的流程圖，並標註每個業務環節所涉及的銀行信貸業務人員、職位以及負責內容。

（2）在本章節案例與上一章節的案例中，中核華原鈦白股份有限公司與浙江久立特材科技股份有限公司互為對方的連帶責任保證人。回顧連帶責任保證與一般保證的區別，結合本次固定資產貸款業務案例，若中核華原鈦白無法按期歸還銀行貸款，在銀行催款后仍無法還款，導致銀行向其及其保證人提出訴訟，請在實驗報告中簡述在訴訟中銀行、中核華原鈦白以及浙江久立特三者之間的關係，以及各自應有的權利和義務。

1.3.5 企業質押貸款業務實驗

實驗目的

（1）掌握企業質押貸款的概念。
（2）瞭解企業質押貸款與抵押貸款的區別。
（3）熟悉企業質押貸款的審查項目及審查、審批流程。
（4）掌握企業質押貸款中質物可能存在的風險因素。
（5）瞭解中國現今各商業銀行的企業質押貸款業務中允許的質物種類。

實驗案例

福建省青山紙業股份有限公司始建於1958年，主營「青山牌」紙袋紙及卡紙系列產品的生產和銷售。2015年3月15日，福建省青山紙業股份有限公司向某銀行的廈門分行申請授信3,300萬元，以所持有在交易所註冊登記的標準倉單（價值5,000萬元）做質押並貸款3,000萬元進行週轉，借款期限為1年，貸款利率5.75%，還款方式為分期非等額還款。

該筆企業質押貸款業務現提交支行進行辦理，在為其辦理貸款業務之前，先參照章節1.1.4和1.2.3的實驗內容，為該公司辦理質押物擔保業務和年度統一授信業務。在處理企業質押貸款業務的辦理流程中，銀行方的審查、審批順序為支行信貸員→支行信貸科→支行分管行長→支行行長。請按該業務操作順序，分別扮演不同銀行部門角色完成對借款人的質押貸款受理和放款。

實驗步驟

　　操作1：用自己的學生帳號登錄信貸業務及風險管理模擬平臺，選擇界面左側的 客戶信息 圖標，彈出客戶信息窗口；在彈出窗口左側的導航欄中選擇 登記查詢 → 導入客戶信息 ，在客戶類型下拉選項框中選擇「企業客戶」后點擊「查詢」。在窗口羅列的企業客戶列表中，找到實驗案例所涉及業務辦理的公司，即「福建省青山紙業股份有限公司」，選中公司後，點擊窗口右上方的 導入客戶信息 按鈕，便可在 登記查詢 中查詢到該公司名單。選擇后，點擊右上方的 鎖定 按鈕，對該公司進行系統鎖定。

　　操作2：將鼠標按界面標示移動至模擬平臺界面邊緣，系統自動彈出 我的任務 操作任務列表，在列表中找到「企業倉單質押貸款」業務，點擊 ☆操作 → 開啓任務 ，該業務在系統中便正式開啓。在開始業務操作之前，可先點擊「任務詳情」，仔細瀏覽申請該業務的公司情況說明。

　　操作3：由於該公司以所持有在交易所註冊登記的標準倉單（價值5,000萬元）做質押擔保，因此業務第一步是先按照質押擔保業務的實驗步驟，對該公司辦理質押擔保業務（具體步驟參照章節1.1.4的實驗內容）。在此注意，由於該公司所持有的倉單擔保的是其在銀行一定時期內容的綜合信貸業務，而非3,000萬元的流動資金貸款，因此，倉單質押貸款額應為3,300萬元（如圖1-3-7所示）。

	質押合同號	質押物性質	質押物類型	質押金額
1	Z0000061	權証	其他權力	33000000

圖1-3-7　辦理質押擔保業務

　　操作4：按照案例說明，此次固定資產貸款的授信額度應為年度統一授信，因此在完成質押物擔保後，為該公司辦理統一授信業務，授信額度為3,300萬元（具體步驟參照章節1.2.3的實驗內容）。

　　操作5：完成擔保和授信以後，回到信貸業務窗口，角色選擇「支行信貸員」，點

擊左側導航欄中的 企業貸款 → 啓動業務，在右側列表界面選擇 企業倉單質押貸款，系統彈出備選客戶列表，在列表中選擇實驗案例中的貸款申請人「福建省青山紙業股份有限公司」，點擊 啓動 按鈕，該企業便被列入「當前信貸業務」中。點擊左側導航欄中的 企業貸款 → 當前信貸業務，則可查看到當前處理的業務對象、工作類型、業務種類以及業務狀態。雙擊該業務對象或選擇后點擊右上方的 受理 按鈕，系統彈出「當前業務處理列表」，依次填寫任務列表中要求的內容（具體填寫要求參照章節 1.3.2 的實驗步驟）。上述任務列表填寫完成後，點擊窗口下方的 提交 按鈕，支行信貸員的授信初審部分便告完成。

操作 6：在界面右上方點擊 角色切換 按鈕，切換角色至「支行信貸科長」，點擊左側導航欄中的 當前信貸業務 按鈕，可查看到該貸款業務的狀態已切換至「支行信貸科審批」。選擇業務對象後，點擊 受理 按鈕，並對之前支行信貸員填寫的內容進行復查，確認沒問題後，選擇「同意」，並點擊 提交 按鈕。若存在問題，則選擇「不同意」，將業務打回支行信貸員重新審查。完成後，繼續切換角色至「支行分管行長」，按照商業銀行由下至上的審查、審批原則，完成支行行長審批後，切換回支行信貸員角色，完成該項企業倉單質押貸款業務的確認。

操作 7：上述任務完成後，在「我的任務」欄中，點擊 ☆操作 → 提交任務，該項業務便在實驗系統中正式提交完成。點擊 ☆操作 → 任務詳情 → 操作情況，可以查看辦理該項業務的所有操作流程，可供實驗報告流程寫作參考。

實驗報告要求

（1）在實驗報告中繪製企業倉單質押貸款業務的流程圖，並標註每個業務環節所涉及的銀行信貸業務人員、職位以及負責內容。

（2）在本章節案例中出現的質押貸款質物為企業倉單，而一般商業銀行的企業質押貸款的質物種類是較為多樣化的。請調查至少五家銀行的質押貸款業務中允許的質

押物有哪些，並比較這些質物的價值波動情況以及價格風險情況，在實驗報告中呈現調查內容和結論。

1.3.6 企業貸款展期業務實驗

實驗目的

（1）掌握企業貸款展期的概念以及展期的條件。
（2）熟悉銀行處理企業貸款展期的流程。

實驗案例

北京清暢電力技術股份有限公司從銀行貸款3,000萬元用於購買原材料，期限為9個月（2013年6月7日至2014年3月7日），貸款利率5.75%，還款方式為分期非等額還款。同時浙江久立特材科技股份有限公司為其提供連帶責任保證擔保。銀行對北京清暢電力技術股份有限公司年度統一授信額度為4,000萬元。

然而貸款之后，北京清暢電力技術股份有限公司由於資金週轉困難，暫時無力償還，2014年2月27日清暢電力向銀行申請展期至2014年10月7日。

該筆企業貸款展期業務現提交支行進行辦理，在為其辦理貸款展期業務之前，先參照章節1.1.2和1.2.3的實驗內容，為該公司辦理保證擔保業務和年度統一授信業務。在處理企業貸款展期業務的辦理流程中，銀行方的審查、審批順序為支行信貸員→支行信貸科→支行分管行長→支行行長。請按該業務操作順序，分別扮演不同銀行部門角色完成對借款人的貸款展期業務進行受理。

實驗步驟

操作1：用自己的學生帳號登錄信貸業務及風險管理模擬平臺，選擇界面左側的 客戶信息 圖標，彈出客戶信息窗口；在彈出窗口左側的導航欄中選擇 登記查詢 → 導入客戶信息 ，在客戶類型下拉選項框中選擇「企業客戶」后點擊「查詢」。在窗口

羅列的企業客戶列表中，找到實驗案例所涉及業務辦理的公司，即「北京清暢電力技術股份有限公司」，選中公司后，點擊窗口右上方的 導入客戶信息 按鈕，便可在 登記查詢 中查詢到該公司名單。選擇后，點擊右上方的 鎖定 按鈕，對該公司進行系統鎖定。同時導入「浙江久立特材科技股份有限公司」，為北京清暢電力技術股份有限公司的連帶責任保證人。

操作2：將鼠標按界面標示移動至模擬平臺界面邊緣，系統自動彈出 我的任務 操作任務列表，在列表中找到「企業貸款展期」業務，點擊 ☆操作 → 開啓任務，該業務在系統中便正式開啓。在開始業務操作之前，可先點擊「任務詳情」，仔細瀏覽申請該業務的公司情況說明。

操作3：由於該公司由浙江久立特材科技股份有限公司為其提供連帶責任保證擔保，因此業務第一步是先按照保證擔保業務的實驗步驟，對該公司辦理保證擔保業務（具體步驟參照章節1.1.2的實驗內容）。

操作4：按照案例說明，此次貸款的授信額度應為年度統一授信，因此在完成保證擔保后，為該公司辦理統一授信業務，授信額度為4,000萬元（具體步驟參照章節1.2.3的實驗內容）。

操作5：按照案例說明，為該公司辦理3,000萬元的流動資金貸款業務，並批准放款（具體步驟參照章節1.3.2的實驗內容）。

操作6：完成擔保、授信及放款以后，回到信貸業務窗口，角色選擇「支行信貸員」，點擊左側導航欄中的 企業貸款 → 啓動業務，在右側列表界面選擇「企業貸款展期」，系統便顯示當前已貸款企業的合同號、簽約金額、貸款利率以及貸款起止日期等相關數據。選擇該業務，點擊 啓動 按鈕，則將該貸款企業移入「當前信貸業務」列表中。雙擊該業務對象或選擇后點擊右上方的 受理 按鈕，系統彈出「當前業務處理列表」（如圖1-3-8所示），填寫任務列表中「貸款展期申請」要求的內容，主要為展期申請日、展期期限、展期起始日以及展期到期日。上述任務列表填寫完成后，點擊窗口下方的 提交 按鈕，支行信貸員的授信初審部分便告完成。

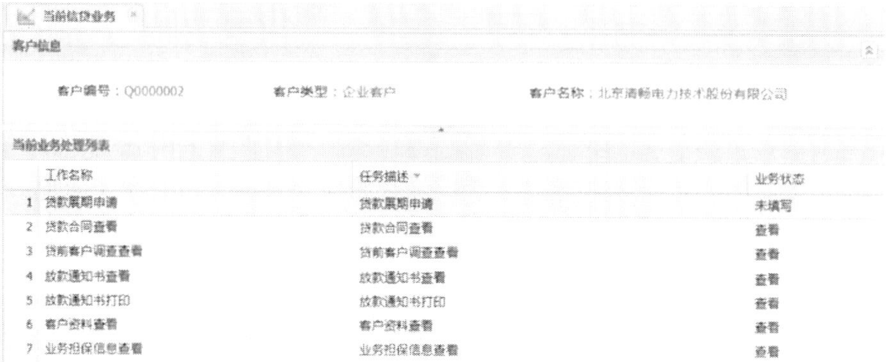

圖 1-3-8　打開當前信貸業務窗口

操作 7：在界面右上方點擊 |角色切換| 按鈕，切換角色至「支行信貸科長」，點擊左側導航欄中的 |當前信貸業務| 按鈕，可查看到該貸款業務的狀態已切換至「支行信貸科審批」。選擇業務對象後，點擊 |受理| 按鈕，並對之前支行信貸員填寫的內容進行復查，確認沒問題后，選擇「同意」，並點擊 |提交| 按鈕。若存在問題，則選擇「不同意」，將業務打回支行信貸員重新審查。完成後，繼續切換角色至「支行分管行長」，按照商業銀行由下至上的審查、審批原則，完成支行行長審批後，切換回支行信貸員角色，完成該項企業貸款展期業務的確認。

操作 8：上述任務完成後，在「我的任務」欄中，點擊 |☆操作| → |提交任務|，該項業務便在實驗系統中正式提交完成。點擊 |☆操作| → |任務詳情| → |操作情況|，可以查看辦理該項業務的所有操作流程，可供實驗報告流程寫作參考。

實驗報告要求

（1）在實驗報告中繪製企業貸款展期業務的流程圖，並標註每個業務環節所涉及的銀行信貸業務人員、職位以及負責內容。

（2）在實驗報告中對貸款展期的概念進行總結，並結合案例，在報告中呈現企業辦理貸款展期的條件以及銀行對貸款展期的時間要求的內容。

項目 1.4　企業票據業務

1.4.1　企業票據業務概述

票據業務的概念

商業銀行的票據業務是指銀行按照一定的方式和要求為票據的設立、轉移和償付而進行的日常營業性的業務活動，主要包括票據的承兌、貼現和票據抵押放款業務。本章節主要針對商業匯票中的銀行承兌匯票貼現業務展開實驗。此外，按照信貸業務核算的歸屬劃分，票據的貼現屬於表內業務，而商業匯票承兌業務屬於表外業務。

票據業務是銀行一項傳統的資產業務。銀行的票據業務是建立在商業信用基礎之上的，是銀行信用和商業信用的結合。開辦票據業務，可以促進商業信用的票據化，加強對商業信用的管理，為促進商品生產和商品流通、搞活經濟創造條件。

銀行承兌匯票

(1) 銀行承兌匯票的定義。

銀行承兌匯票是由在承兌銀行開立存款帳戶的存款人出票，向開戶銀行申請並經銀行審查同意承兌的，保證在指定日期無條件支付確定的金額給收款人或持票人的票據。對出票人簽發的商業匯票進行承兌是銀行基於對出票人資信的認可而給予的信用支持。

銀行承兌匯票和商業承兌匯票均屬於商業匯票，它和商業承兌匯票的區別在於，銀行承兌匯票是由付款人委託銀行開據的一種遠期支付票據，票據到期銀行具有見票即付的義務；而商業承兌匯票是由付款人開具的遠期支付票據，由於沒有通過銀行的擔保，所以信用比銀行承兌匯票低。

銀行承兌匯票一般情況下一式三聯。第一聯為卡片，由承兌銀行作為底卡進行保存；第二聯由收款人開戶行向承兌銀行收取票款時作聯行往來帳付出傳票；第三聯為

存根聯，由簽發單位編製有關憑證。

（2）申辦的基本條件。

由於銀行有擔保，所以銀行對委託開具銀行承兌匯票的單位有一定要求，一般情況下，承兌申請人為經工商行政管理部門（或主管機關）核准登記的企事業法人、其他經濟組織，並在工商或相關部門辦理年檢手續；在銀行開立結算帳戶；有合法商品交易背景；具有到期支付能力；具有一定比例的保證金，其餘部分提供足額抵押、質押或第三人保證。

額度：原則上每張匯票金額不超過人民幣 1,000 萬元；

期限：根據貿易合同確定，最長不超過 6 個月；

手續費：按承兌金額的 0.5‰ 收取，每筆不足人民幣 10 元的，按 10 元收取。不同銀行可能存在不同手續費規定。

（3）業務流程。

①出票：由付款客戶簽發銀行承兌匯票，並加蓋預留銀行印鑒。

②提示承兌：銀行承兌匯票出票人持匯票向其開戶銀行申請承兌。

③領取匯票：銀行經審查、審批后承兌匯票，申請客戶領取已承兌的銀行承兌匯票。

④匯票流通使用：承兌申請客戶持銀行承兌匯票與收款人辦理款項結算，交付匯票給收款人，而收款人可根據交易需要，將匯票背書轉讓給其債權人。同時，收款人或持票人可根據需要，持匯票向銀行申請質押或貼現。

⑤提示付款：在提示付款期內，收款人或持票人持匯票向開戶行辦理委託收款，向承兌行收取票款。若匯票到期，銀行憑票無條件地從承兌申請人帳戶向持票人扣付票款，若申請人帳面金額不足，銀行將對欠款部分作逾期貸款處理。

銀行承兌匯票貼現

（1）銀行承兌匯票貼現的定義。

銀行承兌匯票貼現是指銀行承兌匯票的貼現申請人由於資金需要，將未到期的銀行承兌匯票轉讓於銀行，銀行按票面金額扣除貼現利息后，將餘額付給持票人的一種融資行為。

(2）申辦的基本條件。

銀行承兌匯票貼現申請人必須具備的條件如下：

①在銀行開立存款帳戶的企業法人及其他組織；

②與出票人或直接前手之間具有真實的商品交易關係；

③提供與直接前手之間的商品交易合同、增值稅發票和商品發運單據；

④銀行承兌匯票真實合法且要素齊全，背書連續，符合《中華人民共和國票據法》《支付結算辦法》等要求。

⑤貼現利率按中國央行規定的票據貼現利率政策執行；單筆最高限額1,000萬元，期限最長不得超過半年。

(3）業務流程。

①若出票銀行在企業所在地：

企業準備好匯票原件、蓋好背書章，提供清晰票面複印件、銀行承兌匯票貼現款收款單位名稱、帳戶、開戶銀行、開戶銀行大額支付號；銀行承兌匯票貼現銀行和企業在出票銀行櫃臺查詢；銀行承兌匯票貼現銀行電話通知自己銀行通過大額支付系統劃款；企業確認銀行承兌匯票貼現款到帳，即交易完成。

②若出票銀行不在企業所在地：

企業提供清晰票面及背書複印件、銀行承兌匯票貼現款收款單位名稱、帳戶、開戶銀行、開戶銀行大額支付號，傳真給貼現業務經辦機構；銀行承兌匯票貼現業務經辦機構發電函或通過大額支付系統向出票銀行查詢；企業準備好匯票原件，蓋好背書章，在鄰近銀行打款；貼現銀行驗證匯票原件，電話通知自己銀行通過大額支付系統劃款；企業確認銀行承兌匯票貼現款到帳，即交易完成。

1.4.2　銀行承兌匯票貼現業務實驗

實驗目的

(1）掌握銀行承兌匯票的概念以及匯票貼現的概念。

(2）熟悉銀行承兌匯票貼現的業務流程。

（3）瞭解銀行承兌匯票的填寫規則及其注意事項。

（4）區分商業匯票、商業承兌匯票與銀行承兌匯票在概念和業務操作上的差異。

實驗案例

2014年年初，銀行對安徽皖維高新材料股份有限公司單項授信額度為1,500萬元，還款方式為分期等額還款。福建省青山紙業股份有限公司於2014年3月17日銷售貨物給安徽皖維高新材料股份有限公司，收到安徽皖維高新材料股份有限公司開具的銀行承兌匯票一張，金額為900萬元，開票日期為2014年3月17日，期限6個月，該票據由浙江久立特材科技股份有限公司提供擔保。2014年4月5日，福建省青山紙業股份有限公司急需一筆資金開拓市場，於是將未到期的900萬元匯票向銀行貼現，銀行年貼現利率為3.6%。

匯票信息如表1-4-1所示，該匯票到期日期為2014年9月17日。

表1-4-1　　　　　　　　　　　　匯票信息

出票人全稱： 安徽皖維高新材料股份有限公司 出票人帳號：121151011040001248 開戶銀行：安徽省農業銀行南昌支行 行號：314307077582	收款人全稱： 福建省青山紙業股份有限公司 收款人帳號：083612120100302038 開啓銀行：福建省光大銀行廈門支行 行號：265874158602

該筆商業匯票貼現業務現提交支行進行辦理，在為其辦理貸款展期業務之前，先參照章節1.1.2和1.2.2的實驗內容，為該公司辦理保證擔保業務和單項授信業務。在處理商業匯票貼現業務的辦理流程中，銀行方的審查、審批順序為支行信貸員→支行信貸科→支行分管行長→支行行長。請按該業務操作順序，分別扮演不同銀行部門角色完成對借款人的匯票貼現業務受理。

實驗步驟

操作1：用自己的學生帳號登錄信貸業務及風險管理模擬平臺，選擇界面左側的 客戶信息 圖標，彈出客戶信息窗口；在彈出窗口左側的導航欄中選擇 登記查詢 →

導入客戶信息，在客戶類型下拉選項框中選擇「企業客戶」后點擊「查詢」。在窗口羅列的企業客戶列表中，找到實驗案例所涉及的公司有三家，即匯票持有人「福建省青山紙業股份有限公司」、出票人「安徽皖維高新材料股份有限公司」以及匯票擔保人「浙江久立特材科技股份有限公司」，依次選中三家公司后，點擊窗口右上方的導入客戶信息按鈕，便可在登記查詢中查詢到公司名單。

操作2：將鼠標按界面標示移動至模擬平臺界面邊緣，系統自動彈出我的任務操作任務列表，在列表中找到「商業匯票貼現」業務，點擊☆操作→開啟任務，該業務在系統中便正式開啟。在開始業務操作之前，可先點擊「任務詳情」，仔細瀏覽申請該業務的公司情況說明。

操作3：由於安徽皖維高新材料股份有限公司的票據是由浙江久立特材科技股份有限公司為票據提供保證擔保，因此業務首先是按照保證擔保業務的實驗步驟，對出票人辦理保證擔保（具體步驟參照章節1.1.2的實驗內容）。該筆擔保業務所涉及的借款人與保證人情況如下圖1-4-1中的「新增-保證人清單」所示。

圖1-4-1　新增保證人清單

操作 4：按照案例說明，此次銀行對出票人安徽皖維高新材料股份有限公司的授信為單項授信，因此在完成保證擔保後，為出票人進行單項授信業務，授信額度為 1,500 萬元（具體步驟參照章節 1.2.2 的實驗內容）。銀行在 2014 年年初為安徽皖維進行的授信種類應為商業匯票貼現授信，具體授信信息如圖 1-4-2 所示。

圖 1-4-2　商業匯票貼現授信

操作 5：完成擔保、授信及放款以後，回到信貸業務窗口，角色選擇「支行信貸員」，點擊左側導航欄中的 票據業務 → 啟動業務，在右側列表界面選擇 商業匯票貼現，並在系統羅列的企業客戶中，選擇貼現業務申請人「福建省青山紙業股份有限公司」，點擊界面右上方的 啟動 按鈕，該票據業務便移入「當前票據業務」辦理界面中。點擊左側導航欄中的 票據業務 → 當前票據業務，則可看到當前工作類型、業務對象、業務種類以及業務狀態（如圖 1-4-3 所示）。

	工作類型	業務對象	業務種類	狀態
1	貼現受理	福建省青山紙業股份有限公司	商業匯票貼現	業務受理

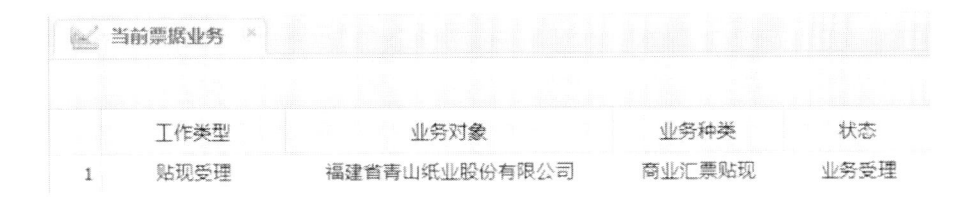

圖 1-4-3　啟動當前票據業務

雙擊受理上圖中的業務，系統則彈出「當前業務處理列表」（如圖 1-4-4 所示），依次填寫任務列表中需要填寫的相關材料。

當前票據業務

客戶信息

當前業務處理列表

	工作名稱	任務描述	業務狀態
1	貼現申請	貼現申請	未填寫
2	匯票信息	匯票信息	未填寫
3	貼現憑證	貼現憑證	未填寫
4	貼現協議	貼現協議	未填寫
5	貼現客戶調查報告	貼現客戶調查報告	未填寫
6	客戶基本信息查看	客戶基本信息查看	查看
7	業務擔保信息	業務擔保信息	未填寫
8	貼現通知書打印	貼現通知書打印	查看

圖 1-4-4　當前業務處理列表

（1）貼現申請：在貼現申請信息中，需填寫申請人帳號、申請人開戶行名稱以及申請金額。其中，申請人帳號與開戶行應為案例中匯票收款人的帳號與開戶行；申請金額應為該銀行承兌匯票的票面金額，即 900 萬元（如圖 1-4-5 所示）。

業務種類*：商業匯票貼現	貼現合同號*：201600000190
申請人帳號：265874158602	申請人開戶銀行名稱：福建省光大銀行廈門支行
申請金額(元)*：9000000	出票人保證金額(銀行貼現請留空)：
保證金比例(%)：	

圖 1-4-5　貼現申請

（2）匯票信息：點擊 新增 按鈕，按照案例中所提供的匯票信息填寫該表格。填寫時應注意，匯票號碼自動生成；該匯票種類應選擇「銀行承兌匯票」；出票人與付款人在本案例中為同一企業，均為安徽皖維高新材料股份有限公司；從出票人的開戶行名稱與收款人的開戶行名稱可看出，該匯票不是本地匯票（具體填寫如圖1-4-6所示）。

圖1-4-6 新增匯票信息

（3）貼現憑證：點擊 新增 按鈕，在「新增-貼現匯票信息」窗口中錄入匯票號碼、起始日期、貼現到期日期，系統自動計算貼現天數；隨後錄入貼現利率，將案例中的百分比轉換為千分比，錄入後，系統自動計算出貼現利息和貼現實付金額（如圖1-4-7所示）。填寫時注意，貼現天數是指貼現日到匯票到期日之間的天數，即貼現期。

圖 1-4-7　填寫貼現憑證

（4）貼現協議：在貼現協議中主要填寫手續費金額，可自行按照商業銀行一般規定填寫該金額（如圖 1-4-8 所示）。

圖 1-4-8　填寫貼現協議

（5）貼現客戶調查報告：該調查報告主要是針對辦理貼現的企業「福建省青山紙業股份有限公司」撰寫的信用調查報告。在客戶信息中查詢貼現企業的相關資料，並基於企業實際數據撰寫該報告後，點擊 保存 按鈕。

圖 1-4-9　填寫貼現客戶調查報告

（6）業務擔保信息：點擊 新增 按鈕，參照操作 3 的內容，在「新增-業務擔保信息」中錄入該票據的擔保方式、幣種、擔保金額、擔保屬性及擔保合同編號（如圖 1-4-10 所示）。

圖 1-4-10　錄入業務擔保信息

確保上述材料填寫完畢后，點擊 提交 按鈕，完成支行信貸員的業務操作，並將業務提交給上級處理。

操作6：在界面右上方點擊 角色切換 按鈕，切換角色至「支行信貸科長」，點擊左側導航欄中的 當前信貸業務 按鈕，可查看到該貸款業務的狀態已切換至「支行信貸科審批」。選擇業務對象后，點擊 受理 按鈕，並對之前支行信貸員填寫的內容進行復查，確認沒問題后，選擇「同意」，並點擊 提交 按鈕。若存在問題，則選擇「不同意」，將業務打回支行信貸員重新審查。完成后，繼續切換角色至「支行分管行長」，按照商業銀行由下至上的審查、審批原則，完成支行行長審批后，切換回支行信貸員角色，完成該項匯票貼現業務的確認。

操作7：上述任務完成后，在「我的任務」欄中，點擊 ☆操作 → 提交任務 ，該項業務便在實驗系統中正式提交完成。點擊 ☆操作 → 任務詳情 → 操作情況 ，可以查看辦理該項業務的所有操作流程，可供實驗報告流程寫作參考。

實驗報告要求

（1）在實驗報告中繪製銀行承兌匯票貼現業務的流程圖，並標註每個業務環節所涉及的銀行信貸業務人員、職位以及負責內容。

（2）在操作5中，系統對貼現天數、貼現利息以及貼現實付金額進行了計算，請在實驗報告中，根據案例中的數據，對系統自動計算的這上述三項進行人工計算，並在報告中寫出計算過程和相關公式。

第二部分
個人信貸業務實驗

　　個人信貸業務主要指銀行運用從負債（存款）業務籌集的資金，將資金的使用權在一定期限內有償讓渡給個人，並在貸款到期時收回資金本息以取得收益的業務。個人信貸業務和公司信貸業務一樣均為商業銀行主要的收入來源，對商業銀行的經營成果起著重要的作用。

　　本章節主要將個人信貸業務按貸款用途分為個人消費類貸款業務和個人經營類貸款業務兩方面，對商業銀行的常見個人信貸業務進行實驗操作。

項目 2.1　個人消費貸款

2.1.1　個人消費貸款概述

個人消費貸款的概念

個人消費貸款是指銀行向個人客戶發放的有指定消費用途的人民幣貸款業務，用途主要有個人住房、汽車、一般助學貸款等消費性個人貸款。一般情況下，銀行提供的個人消費貸款按種類不同，期限與額度有一定的差異，一般期限最長不超過 20 至 30 年，同時需借款人提供貸款銀行認可的財產抵押、質押或第三人保證方式作為貸款擔保條件。

個人消費貸款的主要種類

隨著中國經濟社會的不斷發展，人們消費需求水平的不斷提高，銀行個人消費貸款的種類也隨之朝多品種、細分化發展。比如個人住房貸款便可分為一手個人住房貸款、二手個人住房貸款、直客式個人住房貸款、個人住房公積金貸款、個人自建住房貸款、固定利率個人住房貸款等細分業務。

然而，個人消費貸款的基礎品種按貸款用途分類，是以個人住房貸款、個人房屋裝修貸款、個人汽車消費貸款、個人助學貸款、個人耐用消費品貸款、個人文化消費貸款為主，具體見表 2-1-1 所示。

表 2-1-1　　　　　　　　　個人消費貸款的基礎品種

個人住房貸款	個人住房貸款是指銀行向借款人發放的用於購買自用普通住房的貸款。借款人申請個人住房貸款時必須提供擔保。目前中國的個人住房貸款的主要品種有個人住房按揭貸款、住房公積金貸款、二手房貸款等業務。該類貸款期限最長可達 30 年，貸款數額不高於房地產評估機構評估的購買住房的價值或實際購房費用總額的 80%。

表2-1-1(續)

個人房屋裝修貸款	住房裝修貸款是指以自用住房家居裝修為目的，以借款人或第三人具有所有權或依法有權處分的財產、權利作為抵押物或質押物，或由第三人為貸款提供保證，並承擔連帶責任而發放的貸款。 　　該貸款為短期貸款，各大銀行期限會略有不同，不過一般都不會超過五年。住房裝修貸款一般以所購住房作抵押，貸款利率按照中國人民銀行規定的同期同檔次貸款利率執行，一般沒有利率優惠。
個人汽車消費貸款	個人汽車消費貸款是指銀行向借款人發放的用於購買汽車的個人貸款，只針對家庭自用，不用於經營及租賃。汽車消費貸款可以是直客式，也可以是間客式。直客式汽車消費貸款是指銀行直接把購車款項貸給借款人，讓其把首付款和銀行貸款一次性支付給汽車經銷商的貸款；而間客式汽車消費貸款是指借款人可先到銀行特約汽車經銷商處選購汽車，提交有關貸款申請資料，並由汽車經銷商代向銀行提出貸款申請。
個人助學貸款	個人助學貸款是指銀行向借款人發放的用於本人或家庭成員支付特約教育單位除義務教育外所有學歷入學、本科（含本科）以上非學歷入學所需教育費用（學雜費和生活費）的人民幣貸款。其按貸款方式可分為國家助學貸款和商業助學貸款。 　　國家助學貸款屬於信用貸款，享受一定比例的財政貼息，但貸款個人必須符合所在學校享受國家助學貸款的條件。而商業助學貸款屬於擔保貸款，不享受國家財政貼息，貸款需要擔保，且只能用於學生的學雜費、生活費以及其他與學習有關的費用支出。一些銀行提供的個人留學貸款也屬於商業助學貸款的品種。
個人耐用消費品貸款	個人耐用消費品貸款是指銀行向借款人發放的用於支付其購買耐用消費品的人民幣貸款，並且明確規定貸款期限、貸款額度、貸款利率、擔保方式和要求。耐用消費品指單價在2,000元以上、正常使用壽命在二年以上的家庭耐用商品（住房、汽車除外）。
個人文化消費貸款	個人文化消費貸款是對銀行發放的用於個人教育培訓、旅遊度假、婚慶、美容健身、俱樂部會員活動等文化消費用途的人民幣貸款的統稱。

個人消費貸款的申辦流程

　　個人消費貸款的大致申辦流程如圖2-1-1所示：

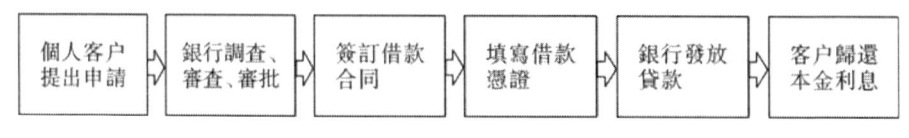

個人客戶提出申請 → 銀行調查、審查、審批 → 簽訂借款合同 → 填寫借款憑證 → 銀行發放貸款 → 客戶歸還本金利息

圖2-1-1　申辦流程

（1）借款人持有效身分證件和質押、抵押、保證人擔保的證明文件到貸款經辦網點填寫申請表。銀行對借款人擔保、信用等情況進行調查后，在 15 日內答覆借款人。

（2）借款人的申請獲得批准后，與銀行簽訂借款合同和相應的擔保合同。

（3）借款人在有效期和可用額度範圍內，可以隨時支用，支用時填寫貸款支用單支用貸款。銀行將貸款資金劃轉至合同約定的帳戶中。

（4）借款人在有效期內可循環使用貸款，其可用額度為銀行的核定的額度與額度項下各筆貸款本金餘額之差。借款人每次支用貸款后，可用額度相應扣減，借款人每次歸還貸款本金后，可用額度相應增加。

（5）借款人在額度有效期滿前，應償清額度項下貸款全部本息，並在償清貸款本息后 20 日內到銀行辦理抵押、質押註銷手續，借款人與銀行簽訂的借款合同自行終止。

2.1.2 個人住房貸款業務實驗

實驗目的

（1）掌握個人住房貸款業務的概念。
（2）熟悉個人住房貸款的業務審查、審批流程。
（3）熟悉個人住房貸款業務辦理所需個人提交的材料。

實驗案例

溫思思，月家庭綜合收入 2 萬餘元，2014 年 11 月 3 日向上海浦發銀行申請 10 年期個人住房貸款 40 萬元並簽訂借款合同，合同約定執行利率為人民銀行同期同檔基準利率 5.75%，還款日為每月 20 日，並以其房產（價值 60 萬元）做抵押，還款方式為分期等額還款。

該筆個人住房貸款業務現提交支行進行辦理，在為其辦理個人住房貸款業務之前，先參照章節 1.1.3 的實驗內容，為溫思思提供的房產辦理抵押擔保。在處理個人住房貸款業務的辦理流程中，銀行方的審查、審批順序為支行信貸員→支行信貸科→支行

分管行長→支行行長。請按該業務操作順序，分別扮演不同銀行部門角色，完成對借款人的住房貸款業務受理。

實驗步驟

操作1：用自己的學生帳號登錄信貸業務及風險管理模擬平臺，選擇界面左側的 客戶信息 圖標，彈出客戶信息窗口；在彈出窗口左側的導航欄中選擇 登記查詢 → 導入客戶信息 ，在客戶類型下拉選項框中選擇個人客戶後點擊查詢，如圖 2-1-2 所示。在窗口羅列的個人客戶列表中，找到實驗案例所涉及個人貸款申請者溫思思，選中客戶名稱後，點擊窗口右上方的 查看客戶信息 按鈕，便可查詢該客戶的相關住房、收入、財務、保險等情況（如圖 2-1-3 所示），以便撰寫業務材料時作為評估參考。點擊右上方的 導入客戶信息 按鈕，在 登記查詢 中查詢辦理該業務的個人客戶，選擇客戶，點擊 鎖定 按鈕。

圖 2-1-2　導入客戶信息

操作2：將鼠標按界面標示移動至模擬平臺界面邊緣，系統自動彈出 我的任務 操作任務列表，在列表中找到「個人住房貸款」業務，點擊 ☆操作 → 開啟任務 ，該業務在系統中便正式開啟。

操作3：業務開啟後，便可以選擇界面左側的 信貸業務 圖標，彈出信貸業務窗口。按照銀行信貸業務的審批流程，在角色切換窗口中，先選擇業務初審角色，即「支行信貸員」，點擊 確認 按鈕，則進入支行信貸員的業務操作窗口。

圖 2-1-3　查看客戶信息

操作 4：點擊左側導航欄中的 擔保業務 → 啓動業務，在右側列表界面選擇「抵押物擔保審批」，並在系統羅列的備選客戶列表中選擇貸款申請人溫思思，點擊 啓動 按鈕，該客戶便被列入「當前擔保業務」中。點擊左側導航欄中的 擔保業務 → 當前擔保業務，則可查看到當前處理的業務對象、工作類型、業務種類以及業務狀態，如圖 2-1-4 所示。

圖 2-1-4　啓動擔保業務

雙擊該列擔保業務，或者單擊業務后，點擊右上方的 受理 按鈕，則出現「當前業務處理列表」(如圖 2-1-5 所示)。按列表的順序進行業務錄入，先雙擊選擇「抵押

物審批」，在彈出窗口中，點擊右上方的 新增 按鈕，在「新增-抵押物清單」窗口中，錄入案例中的溫思思提供的抵押物相關信息（如圖 2-1-6 所示），點擊 保存 按鈕，擔保合同添加完畢。填寫時注意：

（1）抵押合同號自動生成；

（2）評估起始日與評估到期日應覆蓋客戶申請銀行貸款的期限；

（3）抵押金額為客戶申請的住房貸款額度；

（4）抵押率的計算應為「抵押率＝抵押貸款額÷抵押物評估價值」。

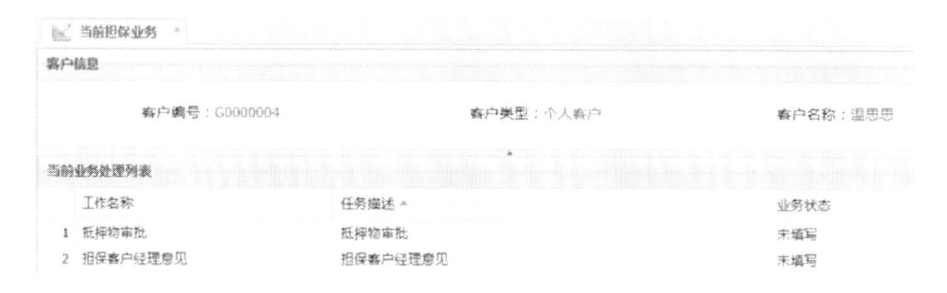

圖 2-1-5　受理當前擔保業務

圖 2-1-6　錄入抵押物相關信息

關閉窗口后，繼續填寫「擔保客戶經理意見」。填寫時注意，「調查日期」要與案例中的業務申辦日期前后一致，不要隨便填寫日期，以保持業務操作的嚴謹性；「調查報告內容」按照案例中借款人和抵押物的實際信息，結合相關專業知識撰寫。

確保「保證人審批」和「擔保客戶經理意見」兩項的業務狀態均為「已填寫」后，可在界面下方選擇「同意」並點擊 提交 按鈕。至此，支行信貸員的審查、審批任務操作完畢。

接下來切換業務角色依次審核、審批支行信貸員提交的個人住房貸款抵押擔保業務（參照章節 1.1.3 的實驗步驟），直至完成抵押擔保的批准。

操作 5： 擔保業務完成后，即可進入個人住房貸款業務辦理流程。在支行信貸員角色界面中，點擊左側導航欄中的 個人貸款 → 啓動業務，在列表中選擇「個人住房貸款」，並選擇申請客戶「溫思思」，點擊右上方的 啓動 按鈕，便可在 當前個人業務 中查看到業務狀態（如圖 2-1-7 所示）。

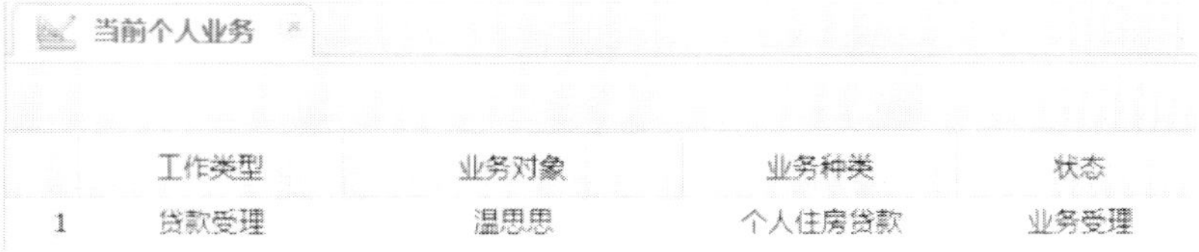

	工作类型	业务对象	业务种类	状态
1	贷款受理	温思思	个人住房贷款	业务受理

圖 2-1-7　啓動當前個人業務

雙擊該業務，出現「當前業務處理列表」（如圖 2-1-7 所示），按列表中的內容依次完善業務辦理材料。

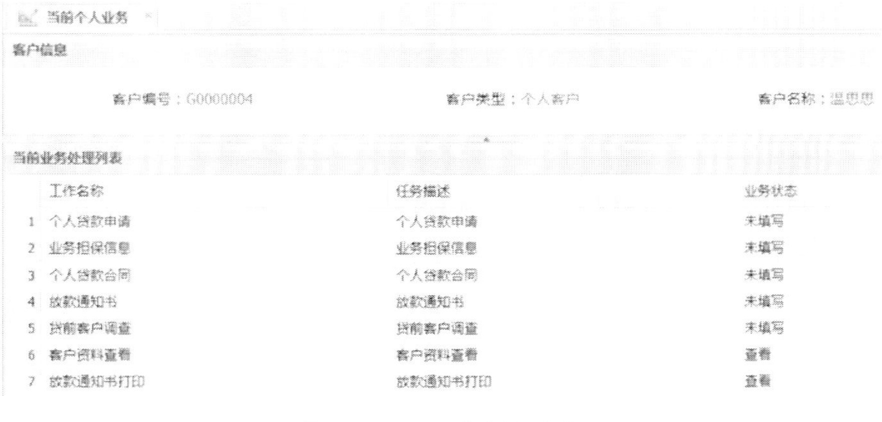

	工作名称	任务描述	业务状态
1	个人贷款申请	个人贷款申请	未填写
2	业务担保信息	业务担保信息	未填写
3	个人贷款合同	个人贷款合同	未填写
4	放款通知书	放款通知书	未填写
5	贷前客户调查	贷前客户调查	未填写
6	客户资料查看	客户资料查看	查看
7	放款通知书打印	放款通知书打印	查看

圖 2-1-8　完善業務辦理材料

（1）個人貸款申請：根據案例內容和客戶信息中溫思思的個人信息，錄入貸款性質、申請日期、申請金額、貸款期限轉換成月、貸款利率轉換為月利率‰，同時錄入還款方式、申請貸款用途以及還款資金來源等（如圖2-1-9所示）。

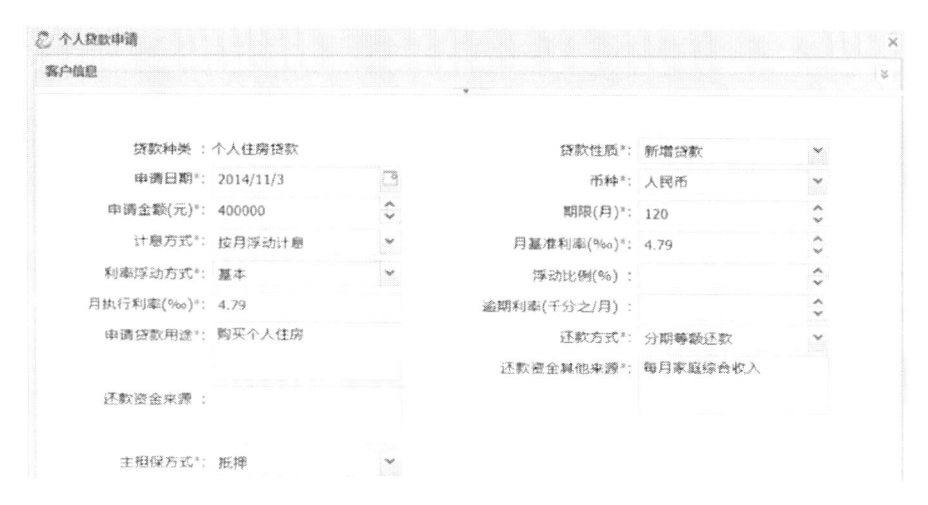

圖2-1-9　錄入個人貸款相關信息

（2）業務擔保信息：在該窗口點擊 新增 按鈕，錄入之前辦理的合同編號為D0001030的抵押擔保信息（如圖2-1-10所示）。

圖2-1-10　填寫擔保信息

（3）繼續按系統要求錄入個人貸款合同、放款通知書以及撰寫貸前客戶調查，注意錄入時審核信息的完整性、準確性（如圖2-1-11所示）。

圖2-1-11　填寫貸款合同

確保圖2-1-8列表中的項目均為「已填寫」后，可在界面下方選擇「同意」並點擊 提交 按鈕。至此，支行信貸員的審查、審批任務操作完成。

操作6：在界面右上方點擊 角色切換 按鈕，切換角色至「支行信貸科長」，點擊左側導航欄中的 當前個人業務 按鈕，可查看到該貸款業務的狀態已切換至「支行信貸科審批」。選擇業務對象後，點擊 受理 按鈕，並對之前支行信貸員填寫的內容進行復查，確認沒問題後，選擇「同意」，並點擊 提交 按鈕。若存在問題，則選擇「不同意」，將業務打回支行信貸員重新審查。完成後，繼續切換角色至「支行分管行長」，按照商業銀行由下至上的審查、審批原則，完成「支行行長」審批後，切換回支行信貸員角色，完成該項個人住房貸款業務的確認。

操作7：上述任務完成後，在「我的任務」欄中，點擊 ☆操作 → 提交任務 ，該

項業務便在實驗系統中正式提交完成。並且點擊 ☆操作 → 任務詳情 → 操作情況，可以查看辦理該項業務的所有操作流程，可供實驗報告流程寫作參考。

實驗報告要求

（1）在實驗報告中繪製個人住房貸款業務的流程圖，並標註每個業務環節所涉及的銀行信貸業務人員、職位以及負責內容。

（2）請參照客戶溫思思的相關信息，結合信用調查報告相關知識，在實驗報告中撰寫一份詳細的個人客戶貸前調查報告，在報告中分析借款人溫思思的信用情況以及還款能力，並形成結論及貸款建議。

2.1.3 個人房屋裝修貸款業務實驗

實驗目的

（1）掌握個人房屋裝修貸款業務的概念。
（2）瞭解中國不同商業銀行個人房屋裝修貸款業務的最高額度情況。
（3）熟悉個人房屋裝修貸款辦理所需個人提交的材料。

實驗案例

個人房屋裝修貸款借款人信息如表 2-1-2 所示：

表 2-1-2　　　　　　　　　　借款人信息

姓名	李冰	性別	女
民族	漢	籍貫	湖南省長沙市
身分證號碼	462011198005052634	聯繫電話	13658796691
住址	湖南省長沙市長沙縣瀟湘南大道 209 號		
月收入	1 萬元	年收入	13 萬元

李冰於 2014 年 2 月 19 日與湖南省格楊裝飾有限公司簽訂房屋裝修合同一份，工程地址為湖南省長沙市雨花區水木蘭庭 17 棟 601 室，裝修面積 130 平方米，裝修總價款 60 萬元，自籌 30 萬元，尚差裝修資金 30 萬元。為此李冰向中國工商銀行長沙分行申請個人裝修貸款 30 萬元。借款期限為 3 年；貸款利率為 5.75%；還款方式為分期非等額還款；同時以其房屋（價值 46 萬元）作為抵押。

　　該筆個人房屋裝修貸款業務現提交支行進行辦理，在為其辦理住房裝修貸款業務之前，先參照章節 1.1.3 的實驗內容，為李冰提供的房產辦理抵押擔保。在處理住房裝修貸款業務的辦理流程中，銀行方的審查、審批順序為支行信貸員→支行信貸科→支行分管行長→支行行長。請按該業務操作順序，分別扮演不同銀行部門角色完成對借款人的住房貸款業務受理。

實驗步驟

　　操作 1：用自己的學生帳號登錄信貸業務及風險管理模擬平臺，選擇界面左側的 客戶信息 圖標，彈出客戶信息窗口；在彈出窗口左側的導航欄中選擇 登記查詢 → 導入客戶信息，在客戶類型下拉選項框中選擇個人客戶后點擊查詢。在窗口羅列的個人客戶列表中，找到實驗案例所涉及個人貸款申請者李冰，選中客戶名稱后，點擊窗口右上方的 查看客戶信息 按鈕，查詢該客戶的相關住房、收入、財務、保險等情況，以便撰寫業務材料時作為評估參考。點擊右上方的 導入客戶信息 按鈕，在 登記查詢 中查詢到辦理該業務的個人客戶，選擇客戶，點擊 鎖定 按鈕。

　　操作 2：將鼠標按界面標示移動至模擬平臺界面邊緣，系統自動彈出 我的任務 操作任務列表，在列表中找到「個人房屋裝修貸款」業務，點擊 ☆操作 → 開啓任務，該業務在系統中便正式開啓。

　　操作 3：業務開啓后，便可以選擇界面左側的 信貸業務 圖標，彈出信貸業務窗口。按照銀行信貸業務的審批流程，在角色切換窗口中，先選擇業務初審角色，即「支行信貸員」，點擊確認，則進入支行信貸員的業務操作窗口，參照章節 1.1.3 完成

李冰的房產抵押擔保手續。

操作4：擔保業務完成後，即可進入個人房屋裝修貸款業務辦理流程。在支行信貸員角色界面中，點擊左側導航欄中的 個人貸款 → 啓動業務 ，在列表中選擇「個人房屋裝修貸款」，並選擇申請客戶「李冰」，點擊右上方的 啓動 按鈕，便可在 當前個人業務 中查看到業務狀態。雙擊該業務，出現「當前業務處理列表」，按列表中的內容依次完善業務辦理材料。確保列表中的項目均為「已填寫」後，可在界面下方選擇「同意」並點擊 提交 按鈕。至此，支行信貸員的審查、審批任務操作完成。

操作6：在界面右上方點擊 角色切換 按鈕，切換角色至「支行信貸科長」，點擊左側導航欄中的 當前個人業務 按鈕，可查看到該貸款業務的狀態已切換至「支行信貸科審批」。選擇業務對象後，點擊 受理 按鈕，並對之前支行信貸員填寫的內容進行復查，確認沒問題後，選擇「同意」，並點擊 提交 按鈕。若存在問題，則選擇「不同意」，將業務打回支行信貸員重新審查。完成後，繼續切換角色至「支行分管行長」，按照商業銀行由下至上的審查、審批原則，完成支行行長審批后，切換回支行信貸員角色，完成該項個人房屋裝修貸款業務的確認。

操作7：上述任務完成後，在「我的任務」欄中，點擊 ☆操作 → 提交任務 ，該項業務便在實驗系統中正式提交完成。點擊 ☆操作 → 任務詳情 → 操作情況 ，可以查看辦理該項業務的所有操作流程，可供實驗報告流程寫作參考。

實驗報告要求

（1）在實驗報告中繪製個人房屋裝修貸款業務的流程圖，並標註每個業務環節所涉及的銀行信貸業務人員、職位以及負責內容。

（2）請查詢五家以上中國銀行關於個人住房裝修貸款的業務信息，並對其貸款要求進行對比，在報告中呈現各銀行個人住房裝修貸款的業務差異。

2.1.4 個人汽車消費貸款業務實驗

實驗目的

(1) 掌握個人汽車消費貸款業務的概念。
(2) 區別直客式汽車貸款與間客式汽車貸款的概念。
(3) 熟悉個人汽車消費貸款的業務操作流程。
(4) 瞭解中國部分汽車經銷商推出的免息貸款業務的性質和辦理流程。
(5) 以個人汽車消費貸款為例，熟悉個人消費貸款借款合同的要素。
(6) 熟悉個人消費貸款借款合同中，違約責任的具體條款約定。

實驗案例

下面是一份個人汽車貸款借款合同的內容，根據表 2-1-3 所示內容，在系統中完成這筆個人汽車貸款業務。

表 2-1-3　　　　　　　　　　　　借款合同

個人汽車消費貸款 借款合同	
貸款方：上海浦東發展銀行股份有限公司 地址：上海長寧區長寧路 855 號亨通國際大廈 1 層 郵編：200000 電話：021-63611226 法定代表人：吉曉輝	借款方：張斯奇 銀行帳號：9864487216974580 地址：上海市浦東新區銀城中路 8 號中融碧玉藍天大廈 14 樓 郵編：200000 電話：15893167998
根據《中華人民共和國合同法》的規定，經貸款方、借款方、擔保方協商一致，簽訂本合同，共同信守。 　　第一條　貸款種類：個人汽車消費貸款 　　第二條　借款金額（大寫）：拾伍萬元整 　　第三條　借款用途：家用轎車 　　第四條　借款利率：借款利率月息 6.15% 　　第五條　借款期限： 借款期限自 2015 年 3 月 25 日起，至 2017 年 3 月 25 日止。借款實際發放和期限以借據分 1 次發放和收回。借據應作為合同附件，同本合同具有同等法律效力。	

表2-1-3(續)

第六條 還款資金來源及還款方式：
1. 還款資金來源：酒店收入。
2. 還款方式：等額本息還款。

第七條 借款抵押擔保。
1. 借款方申請本合同項下的借款，自願以粵 BH5831 車輛（價值 25 萬元）作抵押並辦理好抵押登記。
2. 借款方必須在貸款方指定的保險公司辦理全保（含盜搶）並明確第一受益人為貸款方。
3. 借款方在辦理本借款前應按貸款方要求安裝 GPS 全球衛星定位系統，在本借款未還清以前控制權歸貸款方所有。

第八條 違約責任：
1. 簽訂本合同后，貸款方應在借款方提供合法有效的借款手續后 10 個工作日內（假日順延）將貸款放出，轉入借款方帳戶或借款方指定經銷商帳戶支付購車款。如貸款方未按期發放貸款，應按違約數額和延期天數的貸款利息的 20%向借款方償付違約金。
2. 借款方如不按合同規定的用途使用借款，貸款方有權收回部分或全部貸款，對違約使用部分，按銀行規定加收罰息或從借款方夫妻在本聯社開立的任一帳戶中扣收貸款本息。如借款方有意轉移並違約使用資金，貸款方有權商請其他開戶行代為扣款清償或依法向人民法院提取訴訟提前收回貸款本息。
3. 借款方應按合同規定的時間還款。如借款方需要將借款展延，應在借款到期前 5 日向貸款方提出申請，有保證方的，還應由保證方簽署同意延長擔保期限，經貸款方審查同意后辦理延期手續。如借款方不按期償還借款，貸款方有權限期追回貸款，並按銀行規定收逾期利息和罰息。如借款方經營不善發生虧損或虛盈實虧，危及貸款安全時，貸款方有權提前收回貸款。

第九條 合同變更或解除：除《中華人民共和國合同法》規定允許變更或解除合同的情況外，任何一方當事人不得擅自變更或解除合同。當事人一方依據《中華人民共和國合同法》要求變更或解除合同時，應及時採用書面形式通知其他當事人，並達成書面協議，本合同變更或解除后，借款方占用的借款和應付的利息，仍應按本合同的規定償付。

第十條 解決合同糾紛的方式：執行本合同發生爭議，由當事人雙方協商解決。協商不成，雙方同意按（1）項處理。
（1）由仲裁委員會仲裁。
（2）向人民法院起訴。

貸款方：上海浦東發展銀行股份有限公司　　　借款方：張斯奇

代表人簽字：吉曉輝　　　　　　　　　　　　代表人簽字：張斯奇

簽約日期：2015 年 3 月 25 日

該筆個人汽車消費貸款業務現提交支行進行辦理，在為其辦理汽車消費貸款業務之前，應先參照章節 1.1.3 的實驗內容，為客戶張斯奇購買的汽車辦理抵押擔保。在

處理汽車消費貸款業務的辦理流程中，銀行方的審查、審批順序為支行信貸員→支行信貸科→支行分管行長→支行行長。請按該業務操作順序，分別扮演不同銀行部門角色完成對借款人的住房貸款業務受理。

實驗步驟

操作1：用自己的學生帳號登錄信貸業務及風險管理模擬平臺，選擇界面左側的 客戶信息 圖標，彈出客戶信息窗口；在彈出窗口左側的導航欄中選擇 登記查詢 → 導入客戶信息 按鈕，在客戶類型下拉選項框中選擇個人客戶后點擊查詢。在窗口羅列的個人客戶列表中，找到實驗案例所涉及個人貸款申請者張斯奇，選中客戶名稱后，點擊窗口右上方的 查看客戶信息 按鈕，查詢該客戶的相關住房、收入、財務、保險等情況，以便撰寫業務材料時作為評估參考。點擊右上方的 導入客戶信息 ，在 登記查詢 中查詢到辦理該業務的個人客戶，選擇客戶，點擊 鎖定 按鈕。

操作2：將鼠標按界面標示移動至模擬平臺界面邊緣，系統自動彈出 我的任務 操作任務列表，在列表中找到「個人汽車消費貸款」業務，點擊 ☆操作 → 開啟任務 ，該業務在系統中便正式開啟。

操作3：業務開啟后，便可以選擇界面左側的 信貸業務 圖標，彈出信貸業務窗口。按照銀行信貸業務的審批流程，在角色切換窗口中，先選擇業務初審角色，即「支行信貸員」，點擊 確認 按鈕，進入支行信貸員的業務操作窗口，參照章節1.1.3 完成張斯奇的汽車抵押擔保手續（如圖2-1-12所示）。

操作4：擔保業務完成后，即可進入個人房屋裝修貸款業務辦理流程。在支行信貸員角色界面中，點擊左側導航欄中的 個人貸款 → 啟動業務 ，在列表中選擇「個人汽車消費貸款」，並選擇申請客戶張斯奇，點擊右上方的 啟動 按鈕，便可在 當前個人業務 中查看到業務狀態（如圖2-1-13所示）。

圖 2-1-12　完成抵押擔保手續

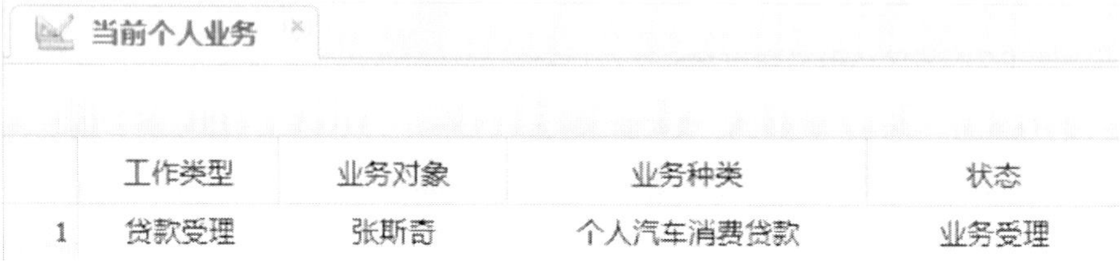

圖 2-1-13　啓動當前個人業務

雙擊該業務，出現「當前業務處理列表」，按列表中的內容依次完善業務辦理材料。確保列表中的項目均為「已填寫」後，可在界面下方選擇「同意」並點擊 提交 按鈕。至此，支行信貸員的審查、審批任務操作便已完成。

操作6：在界面右上方點擊 角色切換 按鈕，切換角色至「支行信貸科長」，點擊左側導航欄中的 當前個人業務 按鈕，可查看到該貸款業務的狀態已切換至「支行信貸科審批」。選擇業務對象後，點擊 受理 按鈕，並對之前支行信貸員填寫的內容進行復查，確認沒問題後，選擇「同意」，並點擊 提交 按鈕。若存在問題，則選擇「不同

意」，將業務打回支行信貸員重新審查。完成后，繼續切換角色至「支行分管行長」，按照商業銀行由下至上的審查、審批原則，完成支行行長審批後，切換回支行信貸員角色，完成該項個人汽車消費貸款業務的確認。

操作 7：上述任務完成后，在「我的任務」欄中，點擊 ☆操作 → 提交任務 ，該項業務便在實驗系統中正式提交完成。點擊 ☆操作 → 任務詳情 → 操作情況 ，可以查看辦理該項業務的所有操作流程，可供實驗報告流程寫作參考。

實驗報告要求

（1）在實驗報告中繪製個人汽車消費貸款業務的流程圖，並標註每個業務環節所涉及的銀行信貸業務人員、職位以及負責內容。

（2）請參照按案例中的汽車消費貸款合同條款，為章節 2.1.2 中的個人住房貸款案例擬訂一份個人住房貸款合同，附於章節 2.1.2 的實驗報告之後。

2.1.5 個人助學貸款業務實驗

實驗目的

（1）掌握個人助學貸款業務的概念。
（2）熟悉個人助學貸款業務的操作流程。
（3）瞭解商業性個人助學貸款、國家助學貸款以及個人留學貸款之間的區別，瞭解中國各大銀行對上述三類教育貸款的相關業務要求。
（4）瞭解國家助學貸款中，國家財政貼息的含義以及一般貼息比例。

實驗案例

杜苑同學於長沙市第一中學畢業，並順利接到了武漢大學的錄取通知書，學制四年，學費 5,000 元/年。由於家庭經濟困難，他向中國工商銀行長沙分行申請個人助學貸款並簽訂借款合同，合同約定借款期限為 4 年，即自 2011 年 9 月 1 日至 2015 年 9 月

1日止，在校期間免收利息，畢業后基準利率為 5.35%，不上浮，還款方式為一次性還款。李冰向銀行承諾為杜苑提供擔保。

該筆個人助學貸款業務現提交支行進行辦理，在為其辦理個人助學貸款業務之前，應先參照章節 1.1.2 的實驗內容，為杜苑辦理保證擔保，保證人為李冰。在處理個人助學貸款業務的辦理流程中，銀行方的審查、審批順序為支行信貸員→支行信貸科→支行分管行長→支行行長。請按該業務操作順序，分別扮演不同銀行部門角色，完成對借款人的住房貸款業務受理。

實驗步驟

操作 1：用自己的學生帳號登錄信貸業務及風險管理模擬平臺，選擇界面左側的 客戶信息 圖標，彈出客戶信息窗口；在彈出窗口左側的導航欄中選擇 登記查詢 → 導入客戶信息，在客戶類型下拉選項框中選擇個人客戶后點擊查詢。在窗口羅列的個人客戶列表中，找到實驗案例所涉及個人貸款申請者杜苑及其保證人李冰，選中客戶名稱后，點擊窗口右上方的 查看客戶信息 按鈕，查詢該客戶的相關住房、收入、財務、保險等情況，以便撰寫業務材料時作為評估參考。點擊右上方的 導入客戶信息 按鈕，在 登記查詢 中查詢辦理該業務的個人客戶，選擇客戶「杜苑」，點擊 鎖定 按鈕。

操作 2：將鼠標按界面標示移動至模擬平臺界面右邊緣，系統自動彈出 我的任務 操作任務列表，在列表中找到「個人助學貸款」業務，點擊 ☆操作 → 開啟任務，該業務在系統中便正式開啟。

操作 3：業務開啟后，便可以選擇界面左側的 信貸業務 圖標，彈出信貸業務窗口。按照銀行信貸業務的審批流程，在角色切換窗口中，先選擇業務初審角色，即「支行信貸員」，點擊 確認 按鈕，進入支行信貸員的業務操作窗口，參照章節 1.1.2 完成杜苑的保證擔保手續。在填寫「新增-保證人清單」時，注意該個人助學貸款的總貸款額應該是大學四年的學費總額，即 4×5,000＝20,000 元，所以李冰為其擔保時，擔保貸款額應為 20,000 元（如圖 2-1-14 所示）。

圖 2-1-14　填寫保證人清單

操作 4：擔保業務完成後，即可進入個人助學貸款業務辦理流程。在支行信貸員角色界面中，點擊左側導航欄中的 個人貸款 → 啟動業務，在列表中選擇「個人助學貸款」，並選擇申請客戶杜苑，點擊右上方的 啟動 按鈕，便可在 當前個人業務 中查看到業務狀態。雙擊該業務，出現「當前業務處理列表」，按列表中的內容依次完善業務辦理材料。在填寫「個人貸款申請」時，要注意該筆助學貸款因在校期間不產生利息，畢業後開始計息，因此，計息方式應選「分段計息」（如圖 2-1-15 所示）。

圖 2-1-15　填寫貸款人信息

確保列表中的項目均為「已填寫」后,可在界面下方選擇「同意」並點擊 提交 按鈕。至此,支行信貸員的審查、審批任務操作便已完成。

操作6:在界面右上方點擊 角色切換 按鈕,切換角色至「支行信貸科長」,點擊左側導航欄中的 當前個人業務 按鈕,可查看到該貸款業務的狀態已切換至「支行信貸科審批」。選擇業務對象后,點擊 受理 按鈕,並對之前支行信貸員填寫的內容進行復查,確認沒問題后,選擇「同意」,並點擊 提交 按鈕。若存在問題,則選擇「不同意」,將業務打回支行信貸員重新審查。完成后,繼續切換角色至「支行分管行長」,按照商業銀行由下至上的審查、審批原則,完成「支行行長」審批后,切換回支行信貸員角色完成該項個人助學貸款業務的確認。

操作7:上述任務完成后,在「我的任務」欄中,點擊 ☆操作 → 提交任務 ,該項業務便在實驗系統中正式提交完成。點擊 ☆操作 → 任務詳情 → 操作情況 ,查看辦理該項業務的所有操作流程,可供實驗報告流程寫作參考。

實驗報告要求

(1)在實驗報告中繪製個人助學貸款業務的流程圖,並標註每個業務環節所涉及的銀行信貸業務人員、職位以及負責內容。

(2)請問在本案例中的助學貸款是屬於商業性助學貸款還是國家助學貸款?

(3)查詢中國國家助學貸款的最新政策要求,並在實驗報告中,以你自己為名,挑選一家提供國家助學貸款的商業銀行,申請國家助學貸款,並按照你挑選銀行的相關業務要求,繪製國家助學貸款的申辦流程圖。

項目 2.2　　個人經營性貸款

2.2.1　個人經營性貸款概述

個人經營性貸款的概念

　　個人經營性貸款是指銀行向借款人發放的用於借款人流動資金週轉、購置或更新經營設備、支付租賃經營場所租金、商業用房裝修等合法生產經營活動的貸款。此類貸款在一定程度上類似於中小企業貸款，其業務經營管理的複雜程度更高。因此，各銀行一般只在經濟環境好、市場潛力大、管理水平高、資產質量好且個人貸款不良率較低的分支機構中挑選辦理個人經營類貸款的經營機構。

　　目前國內銀行的個人經營性貸款的特點有：第一，貸款額度高，如招商銀行的個人經營性貸款的貸款金額最高可達 3,000 萬元，中國工商銀行為 1,000 萬元；第二，貸款期限長，一般授信最長可達 10 年，單筆貸款最長可達 5 年；第三，擔保方式多，採用質押、抵押、自然人保證、專業擔保公司保證、市場管理方保證、聯保、互保、組合擔保等靈活多樣的擔保方式；第四，具備循環貸款功能，此類貸款一次申請，循環使用，隨借隨還，方便快捷。

　　按照本章節的實驗內容，下面對個人生產經營貸款、個人商業用房貸款和農戶貸款三類較為常見的個人經營性貸款的定義和業務規則進行概述。

個人經營性貸款的常見種類

　　個人經營性貸款的對象可以是個體工商戶，也可以是農戶，因此大部分商業銀行對個人經營性貸款的分類有針對個體工商戶的個人生產經營貸款、個人商業用房貸款以及各類農戶貸款（如表 2-2-1 所示）。

表 2-2-1　　　　　　　　　　　個人經營性貸款的常見種類

個人生產經營貸款	個人生產經營貸款是指對從事合法生產經營的個體工商戶、個人獨資企業的投資人以及合夥企業的合夥人、承包大戶、個人租賃經營者發放的，用以生產經營流動資金需求及租賃商鋪、購置機械設備和其他合理資金需求為用途的貸款業務。
個人商業用房貸款	個人商業用房貸款是指銀行向借款人發放的購置新建自營性商業用房和自用辦公用房的貸款。
農戶貸款	農戶貸款是指銀行（一般是農村商業銀行）向服務轄區內符合貸款條件的農戶發放的用於生產經營、消費等各類人民幣貸款。 農戶貸款種類主要包括農戶種植業貸款、農戶養殖業貸款和農戶其他行業貸款。貸款的對象是一般承包戶和專業戶。銀行對農戶貸款的管理，應當適應其家庭經濟分散經營的特點，在貸款用途、數量、期限、條件等方面，都要因地制宜、靈活掌握，盡量滿足其從事個體農業經營的流動資金需要。

個人經營性貸款的申請條件

　　與個人消費貸款不同，個人經營性貸款因為涉及生產經營，其貸款對象一般為符合銀行個人經營貸款政策的、具有完全民事行為能力的中國公民（不含港澳臺居民），包括個體工商經營者、獨資企業、合夥企業、有限責任公司的主要合夥人或主要自然人股東等。其申請應具備以下條件：

　　（1）年齡在 18 周歲（含）以上、60 周歲（含）以下，在分行管轄地域範圍內有固定住所，具有常住戶口或有效居住證明；

　　（2）借款人及其經營實體信用良好、經營穩定；

　　（3）相關銀行規定的其他條件。

個人經營性貸款的申請資料

　　（1）借款人及其配偶有效身分證件、戶籍證明、婚姻狀況證明原件及複印件；

　　（2）經年檢的個體工商戶營業執照、合夥企業營業執照或企業法人營業執照原件及複印件；

　　（3）個人收入證明，如個人納稅證明、工資薪金證明、個人在經營實體的分紅證明、租金收入、在銀行近 6 個月內的存款、國債、基金等平均金融資產證明等；

（4）能反應借款人或其經營實體近期經營狀況的銀行結算帳戶明細或完稅憑證等證明資料；

（5）抵押房產權屬證明原件及複印件。有權處分人（包括房產共有人）同意抵押的證明文件。

（6）貸款採用保證方式的，須提供保證人相關資料；

（7）銀行要求提供的其他資料。

2.2.2 個人大額經營性貸款業務實驗

實驗目的

（1）掌握個人大額經營性貸款業務的概念。
（2）熟悉個人大額經營性貸款業務的操作流程。
（3）瞭解中國不同商業銀行對個人經營性貸款的界定及其批准條件。

實驗案例

做外貿的王先生（王宏）接了一個需要一個月交貨的訂單，但急需 50 萬元的週轉資金。假若丟掉這筆訂單，打拼了十年的國外市場就會徹底丟掉，企業也將面臨破產，於是 2015 年 1 月 20 日王先生向銀行申請了個人大額經營性貸款 50 萬元，同時以房產（價值 80 萬元）做抵押。雙方簽訂借款合同，合同約定借款期限為 5 年，貸款利率 5.75%，還款方式為分期等額還款。

該筆個人大額經營性貸款業務現提交支行進行辦理，在為其辦理貸款業務之前，應先參照章節 1.1.3 的實驗內容，為王先生提供的房產辦理抵押擔保。然後，在處理個人大額經營性貸款業務的辦理流程中，銀行方的審查、審批順序為支行信貸員→支行信貸科→支行分管行長→支行行長。請按該業務操作順序，分別扮演不同銀行部門角色，完成對借款人的大額經營性貸款業務受理。

實驗步驟

操作 1：用自己的學生帳號登錄信貸業務及風險管理模擬平臺，選擇界面左側的

客戶信息 圖標，彈出客戶信息窗口；在彈出窗口左側的導航欄中選擇 登記查詢 → 導入客戶信息，在客戶類型下拉選項框中選擇個人客戶后點擊查詢。在窗口羅列的個人客戶列表中，找到實驗案例所涉及個人貸款申請者王宏，選中客戶名稱后，點擊窗口右上方的 查看客戶信息 按鈕，查詢該客戶的相關住房、收入、財務、保險等情況，以便撰寫業務材料時作為評估參考。點擊右上方的 導入客戶信息 按鈕，在 登記查詢 中可查詢到辦理該業務的個人客戶，選擇客戶，點擊 鎖定 按鈕。

操作 2：將鼠標按界面標示移動至模擬平臺界面邊緣，系統自動彈出 我的任務 操作任務列表，在列表中找到「個人大額經營性貸款」業務，點擊 ☆操作 → 開啓任務，該業務在系統中便正式開啓。

操作 3：業務開啓后，便可以選擇界面左側的 信貸業務 圖標，彈出「信貸業務」窗口。按照銀行信貸業務的審批流程，在角色切換窗口中，先選擇業務初審角色，即「支行信貸員」，點擊 確認 按鈕，則進入支行信貸員的業務操作窗口，參照章節1.1.3完成王先生的房產抵押擔保手續。

操作 4：擔保業務完成后，即可進入個人大額經營性貸款業務辦理流程。在支行信貸員角色界面中，點擊左側導航欄中的 個人貸款 → 啓動業務，在列表中選擇「個人大額經營性貸款」，並選擇申請客戶「王宏」，點擊右上方的 啓動 按鈕，便可在 當前個人業務 中查看到業務狀態。雙擊該業務，出現「當前業務處理列表」，按列表中的內容依次完善業務辦理材料。確保列表中的項目均為「已填寫」后，可在界面下方選擇「同意」並點擊 提交 按鈕。至此，支行信貸員的審查、審批任務操作便已完成。

操作 6：在界面右上方點擊 角色切換 按鈕，切換角色至「支行信貸科長」，點擊左側導航欄中的 當前個人業務，可查看到該貸款業務的狀態已切換至「支行信貸科審批」。選擇業務對象后，點擊 受理 按鈕，並對之前支行信貸員填寫的內容進行復

查，確認沒問題后，選擇「同意」，並點擊 提交 按鈕。若存在問題，則選擇「不同意」，將業務打回支行信貸員重新審查。完成后，繼續切換角色至「支行分管行長」，按照商業銀行由下至上的審查、審批原則，完成支行行長審批后，切換回支行信貸員角色，完成該項個人大額經營性貸款業務的確認。

操作 7：上述任務完成后，在「我的任務」欄中，點擊 ☆操作 → 提交任務 ，該項業務便在實驗系統中正式提交完成。點擊 ☆操作 → 任務詳情 → 操作情況 ，查看辦理該項業務的所有操作流程，可供實驗報告流程寫作參考。

實驗報告要求

（1）在實驗報告中繪製個人大額經營性貸款業務的流程圖，並標註每個業務環節所涉及的銀行信貸業務人員、職位以及負責內容。

（2）對貸款申請人王宏的背景信息進行調查，並在實驗報告中對本次個人大額經營性貸款的風險進行分析。

2.2.3 其他個人經營性貸款業務實驗

實驗目的

（1）熟悉個人商業用房貸款的業務概念及操作流程。
（2）熟悉農戶貸款業務及其貸款展期業務的操作流程。
（3）瞭解中國現階段商業銀行對個人工商戶貸款和農戶貸款業務之間的條件差異。

實驗案例

案例 1：夏明星考慮在家鄉發展，欲在湖北鐘祥市購買一商鋪用於經營咖啡館，總價 150 萬元，自籌 30 萬元，向銀行申請個人商業用房貸款 120 萬元，並以該商鋪（價值 200 萬元）作為抵押。2015 年 2 月 18 日雙方簽訂借款合同，合同約定執行利率為人民銀行同期同檔基準利率 5.75%，期限為 5 年，還款日為每月 15 日，還款方式為分期

非等額還款。

要求使用信用業務模擬平臺為客戶夏明星辦理個人商業用房貸款業務。

案例2：雷鋒榮從信用社貸款20萬元用於養豬，期限為9個月（2013年5月10日至2014年2月10日），合同約定執行利率為人民銀行同期同檔基準利率5.75%，期限為5年，還款日為每月20日，並以其豬圈（價值30萬元）做抵押，還款方式為分期等額還款。由於豬瘟疫，該客戶暫時無力還款，2013年11月25日雷鋒榮向銀行申請展期到2014年10月20日。

要求使用信貸業務模擬平臺，為農戶雷鋒榮辦理農戶貸款業務後，並按照客戶申請為其貸款進行展期處理。

實驗報告要求

（1）在系統中完成上述案例中的兩個實驗，並在實驗報告中分別繪製兩個案例中貸款業務的流程圖。

（2）案例2中的借款人為農戶，在系統中查詢客戶相關資料，並在報告中完成對農戶雷鋒榮的貸前調查報告。

（3）兩個實驗案例選擇一個，在報告中詳細說明業務操作流程，並配以關鍵性實驗截圖進行說明。

第三部分
信貸風險及貸后管理實驗

　　信貸風險管理是指通過風險識別、計量、監測和控制等程序，對風險進行評級、分類、報告和管理，保持風險和收益的平衡發展，提高貸款的經濟效益。貸后管理是指從貸款發放或其他信貸業務發生后直到本息收回或信用結束的全過程的信貸管理，包括信貸審批條件的落實、貸款跟蹤檢查、信貸風險監管與預警、貸款本息回收、不良信貸資產管理、信貸檔案管理等工作內容。

　　本章節的實驗內容主要涉及信貸風險管理中的信用等級評估和信貸風險分類，以及貸后管理中的貸后監控和不良貸款管理四部分的業務操作及應用。

項目 3.1　信用等級評估

3.1.1　客戶信用等級評定概述

客戶信用評級的概念

　　客戶信用評級是指商業銀行為了有效控制客戶信用風險，實現信貸資金的安全性、流動性和收益性，從客戶經營能力、盈利能力、償債能力、發展能力以及客戶素質和信用狀況等方面，對客戶進行綜合評價和信用等級的確定。客戶信用等級評定是目前較為通行的銀行風險控制評價方法，它貫穿於信貸管理全過程，是客戶准入管理、授信額度核定和調整、信貸風險審查、信貸定價、客戶退出等重要前提和依據。

　　商業銀行客戶信用評級可分為針對法人客戶的信用等級評定和針對個人客戶的信用等級評定，其中個人客戶信用評級還可細分為個人生產經營貸款客戶與農戶的信用等級評定。根據不同的客戶對象，銀行評級標準有所差異。

客戶信用等級評定的指標體系

　　（1）法人客戶信用評級體系。

　　一般業界對法人客戶的信用評級包含信用履約狀況、償債能力、盈利能力、經營能力以及其他與企業發展相關的綜合評價指標。見表 3-1-1。

表 3-1-1　　　　　　　　　　法人客戶信用評級體系

信用履約指標	該指標反應客戶守信及與銀行的合作情況，主要有利息償還記錄、到期信用償還記錄、貸款資產形態等指標。
償債能力指標	該指標包括長期償債指標和短期償債指標，主要有資產負債率、流動比率、現金流動比率、現金負債比率等指標。

表3-1-1(續)

盈利能力指標	該指標主要反應客戶賺取利潤的能力，是企業生存與發展的基礎，不僅關係到股東的利益，也是企業償還債務的重要保證，主要包括資產報酬率、銷售利潤率、營業利潤率、淨資產收益率等指標。
經營能力指標	該指標主要反應客戶的經營能力、發展能力和發展前景，主要有存貨週轉率、銷售收入增長率、淨利潤增長率、淨資產增長率等指標。
綜合評價指標	該指標主要是對客戶及其所處環境進行定性分析，包括領導者素質、管理水平、發展前景、與銀行業務合作關係等指標。

（2）個人客戶信用評級體系。

個人貸款客戶的信用評級一般是根據個人基本情況、履約能力、資信狀況以及其他不利因素四個方面來進行評價測定。見表3-1-2。

表3-1-2　　　　　　　　　　個人客戶信用評級體系

個人基本情況	包括客戶的年齡、婚姻狀況、供養人口、居住或經營場所等。
履約能力	包括客戶的職業狀況、職業所處行業類別、工作或經營年限、年收入狀況、家庭財產、保險情況等。
資信狀況	主要包括客戶的存貸款狀況及其信用記錄。
其他不利因素	包括評定客戶是否存在如逃廢債務、信用卡惡意透支、社會不良記錄、犯罪前科、與銀行合作的情況等。

國際信用評級標準

中國企業信用評估的信用等級採用國際通行的「四等十級制」評級等級，具體等級分為AAA，AA，A，BBB，BB，B，CCC，CC，C，D，具體等級標準如表3-1-3所示：

表3-1-3　　　　　　　　　　國際信用評級標準

AAA級	信用極好—— 企業的信用程度高、債務風險小。該類企業具有優秀的信用記錄，經營狀況佳，盈利能力強，發展前景廣闊，不確定性因素對其經營與發展的影響極小。

表3-1-3(續)

AA級	信用優良—— 企業的信用程度較高，債務風險較小。該類企業具有優良的信用記錄，經營狀況較好，盈利水平較高，發展前景較為廣闊，不確定性因素對其經營與發展的影響很小。
A級	信用較好—— 企業的信用程度良好，在正常情況下償還債務沒有問題。該類企業具有良好的信用記錄，經營處於良性循環狀態，但是可能存在一些影響其未來經營與發展的不確定因素，進而削弱其盈利能力和償還能力。
BBB級	信用一般—— 企業的信用程度一般，償還債務的能力一般。該類企業的信用記錄正常，但其經營狀況、盈利水平及未來發展易受不確定因素的影響，償債能力有波動。
BB級	信用欠佳—— 企業信用程度較差，償還能力不足。該類企業有較多不良信用記錄，未來前景不明朗，含有投機性因素。
B級	信用較差—— 企業的信用程度差，償債能力較弱。
CCC級	信用很差—— 企業信用很差，幾乎沒有償債能力。
CC級	信用極差—— 企業信用極差，沒有償債能力。
C級	沒有信用—— 企業無信用。
D級	沒有信用—— 企業已瀕臨破產。

3.1.2 客戶信用評估業務實驗

實驗目的

(1) 掌握客戶信用評級的概念。

(2) 熟練掌握企業客戶信用評級的指標體系及分析方法。

(3) 運用相關評級知識對企業客戶進行評級。

實驗案例

北京清暢電力技術股份有限公司成立於 2005 年，主要經營電纜分支箱、環網櫃、各種中壓開關櫃、柱上分界開關等中高壓智能環保開關係列產品。公司註冊資金 1 億零 47 萬元人民幣，固定資產超過 3 億元，是北京市高新技術企業。公司總部位於北京市海澱區中關村高科技企業園區上地信息產業基地。在懷柔雁栖湖工業園區擁有現代化生產製造基地，廠房占地 40,000 平方米。

2015 年由於新產品的研發，資金週轉不足，北京清暢電力技術股份有限公司向銀行申請企業流動資金貸款 5,000 萬元，同時信貸員根據公司提交的資料對其進行信用評估。

在該業務中，信用評級標準參照國際上採用的「四等十級制」，具體評分標準如表 3-1-4 所示：

表 3-1-4 「四等十級制」具體評分標準

評級總分	信用等級	信用度
100—90	AAA	特優
89.99—80	AA	優
79.99—70	A	良
69.99—60	BBB	較好
59.99—50	BB	尚可
49.99—40	B	一般
39.99—30	CCC	較差
29.99—20	CC	差
19.99—10	C	很差
10 分以下	D	極差

· 100—70 分：客戶信用很好，整體業務穩固發展，經營狀況和財務狀況良好，資產負債結構合理，經營過程現金流量較為充足，償債能力強，授信風險小。

· 69.99—40 分：客戶信用較好，現金週轉和資產負債狀況可為債務償還提供保證，授信有一定風險，需落實有效的擔保規避授信風險。

· 39.99—10 分：客戶信用較差，整體經營狀況和財務狀況不佳，授信風險較大，應採取措施改善債務人的償債能力和償債意願，確保銀行債權的安全。

· 10 分以下：客戶信用極差，授信風險極大。

該筆業務現提交支行進行辦理，在業務的辦理流程中，銀行方的審查、審批順序為支行信貸員→支行信貸科→支行分管行長→支行行長→總行信貸部→總行行長。請按該業務操作順序，分別扮演不同銀行部門角色，完成業務的審批。

實驗步驟

操作1：用自己的學生帳號登錄信貸業務及風險管理模擬平臺，選擇界面左側的 客戶信息 圖標，彈出客戶信息窗口；在彈出窗口左側的導航欄中選擇 登記查詢 → 導入客戶信息 ，在客戶類型下拉選項框中選擇個人客戶後點擊查詢。在窗口羅列的個人客戶列表中，找到實驗案例所涉及企業「北京清暢電力技術股份有限公司」，點擊右上方的 導入客戶信息 按鈕，在 登記查詢 中查詢辦理該業務的個人客戶，選擇客戶，點擊 鎖定 按鈕。

操作2：將鼠標按界面標示移動至模擬平臺界面邊緣，系統自動彈出 我的任務 操作任務列表，在列表中點擊 信貸風險 按鈕，找到「信用等級評估」業務，點擊 ☆操作 → 開啓任務 ，該業務在系統中便正式開啓（如圖3-1-1所示）。

圖3-1-1　啓動信貸風險業務

操作 3：業務開啓後，便可以選擇界面左側的 信貸風險 圖標，彈出信貸風險窗口。按照銀行信貸業務的審批流程，在角色切換窗口中，先選擇業務初審角色，即「支行信貸員」，點擊 確認 按鈕，則進入支行信貸員的業務操作窗口。在窗口左側導航欄中點擊 信用評估 → 啓動業務 ，列表中只有「信用等級評估」一項，雙擊后選擇要進行評估的企業，即「北京清暢電力技術股份有限公司」，點擊右上方的 啓動 按鈕，便可在 評估業務 中、查看到業務受理狀態（如圖 3-1-2 所示）。

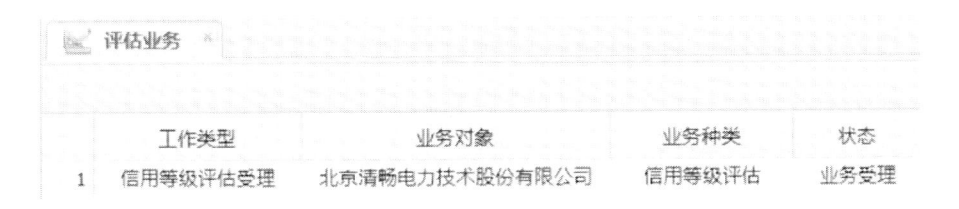

圖 3-1-2　查看業務受理狀態

雙擊進入「當前業務處理列表」（如圖 3-1-3 所示），按列表要求依次填寫「信用等級評定」與「貸后客戶調查」。

圖 3-1-3　填寫業務處理信息

（1）信用等級評定：「信用等級評定」窗口主要是對被評估客戶的財務指標與非財務指標值給出評分，並予以權重、計算出總的信用得分。在本案例中，信用等級評定窗口直接採用的是北京清暢電力技術股份有限公司 2013 年已審計后的公司年報數據，其中要評估的財務指標包括盈利能力、償債能力、成長能力、營運能力以及企業發展能力相關指標，而非財務指標包括領導者素質、信譽合作、經濟效益、發展前景四方面的因素總和。財務指標的評級模板參考圖 3-1-4，非財務指標評級模板參考圖

3-1-5。參照模板評分標準，對北京清暢電力技術股份有限公司 2015 年的年報進行評價（在實驗報告中完成）。

注意在填寫財務指標時，只需要填寫「滿意值」「不允許值」以及「權重」，填完後按回車鍵，系統會自動算出每項的「評價分數」，以及匯總全部分數。評價非財務指標時，只需要根據企業實際情況選擇系統已備選的指標值即可，指標得分和權重是系統根據指標值的選擇自動打出的，但選擇項必須與企業相關指標的實際狀況相符，比如同行業對比情況，需要信貸員搜集同行業指標和公司相關指標進行對比後再做評價。當財務與非財務指標得分均填入後，系統會根據權重自動算出總分，並給出公司信用等級。

指標种类：財務指標　　　　　得分：31.65

財務指標	指標名稱	指標值	滿意值	不允許值	評價分數	權重
盈利能力分析	銷售利潤率	8.33%	0.2	0.12	41.65	0.06
	淨資產收益率	7.80%	0.2	-0.1	83.73	0.05
	主營業務利潤率	35.32%	0.224	-0.048	119.00	0.06
	營業淨利率	7.54%	0.2	-0.2	87.54	0.05
	總資產報酬率	6.52%	0.093	0.005	87.36	0.06
	總資產淨利率	4.04%	0.1	-0.1	88.08	0.05
	成本費用利潤率	8.98%	0.22	0.14	34.90	0.04
償債能力分析	流動比率	178.95%	2	1.2	89.47	0.05
	速動比率	111.14%	1.348	0.6	87.35	0.04
	現金比率	4.08%	0.06	0	87.20	0.04
	資產負債率	51.46%	0.447	0.927	94.37	0.04
	產權比率	106%	1.2	0.8	86.00	0.04
	利息保障倍數	3.17	0.025	0.03	46.40	0.04
成長能力分析	營業收入增長率	16.26%	0.3	-0.1	86.26	0.01
	營業利潤增長率	-12.91%	0.05	-0.1	52.24	0.01
	淨利潤增長率	-13.31%	0.2	-0.1	55.59	0.01
營運能力分析	應收賬款周轉率	2.88	0.083	0.019	66.13	0.02
	存貨周轉率	1.36	0.053	0.008	64.98	0.02
	總資產周轉率	0.54	0.016	0.001	71.73	0.02
	流動資產周轉率	0.7	0.015	0.006	64.44	0.02
	固定資產周轉率	3.21	0.02	0.05	83.87	0.02
企業發展能力分析	銷售增長率	16.26%	0.269	0.017	83.11	0.01
	總資產增長率	24.36%	0.3	0.1	88.72	0.01
	三年資本平均增長率		0.089	-0.084	79.42	0.01
	資本積累率	7.51%	0.187	0.009	74.85	0.01
	資本保值增值率	108.12%	1.134	1.01	82.97	0.01

圖 3-1-4　財務指標的評級模板

指標種類：非財務指標　　　　　得分：20.0

指標名稱	指標值	指標得分	權重（%）
領導素質---作風品行	優秀	0.5	0.5
領導素質---才干教育	優秀	0.5	0.5
領導素質---經營管理	優秀	0.5	0.5
領導素質---團結協作	優秀	0.5	0.5
信貸合作---信用記錄	一直按期還本付息	3	3
信貸合作---結算記錄	50%（含50%）以上的	3	3
領導素質---應變開拓	優秀	0.5	0.5
經濟效益---盈利記錄	本年盈利，近二年盈利連續增加	3	3
信貸合作---結算比重	50%（含50%）以上的	3	3
信貸合作---合作關係	優秀	3	3
發展前景---開發能力	在同行業中屬優秀	1.5	1.5
發展前景---外部環境	在同行業中屬優秀	1	1

圖 3-1-5　非財務指標的評級模板

（2）貸後客戶調查：在貸後客戶調查中，有 37 項關於公司在貸款後的管理、經營、發展等各方面狀況的評價，可根據系統提示完成相關內容（如圖 3-1-6 所示）。

企業主要領導建立及評價：	內容說明
	（從業務素質、領導能力、創新精神、道德品質等方面進行評價，比如對潛在的競爭是如何認識的？準備採取那些策略？是否有能力控制增長、提高市場占有率？是否有廣闊的視野、策略是否有深度和遠見？能否及早辨認出問題所在，以及快市場一步洞悉有利的機會？）
企業管理分析：	內容說明
	企業領導人的業績如何？他們是如何處理重大事項，如銀根緊縮、法律訴訟、主要對手挑戰、監管機構的壓力？與同業相比，企業各項業務的回報率如何？在經濟周期以及有關該行業的科技、供求、信貸和其他周期的不同階段，企業的表現如何？
客戶的管理結構如何？：	內容說明
	主要從企業班子結構是否優良（年齡、文化、專業水平、開拓創新、團結等方面分析）、企業內部信息是否流通順暢、激勵約束制度是否落實、人力資源配置是否合理等方面進行分析

圖 3-1-6　根據系統提示完成相關內容

確保列表中的項目均為「已填寫」後,可在界面下方選擇「同意」並點擊 提交 按鈕。至此,支行信貸員的審查、審批任務便已完成。

操作4:在界面右上方點擊 角色切換 按鈕,切換角色至「支行信貸科長」,點擊左側導航欄中的 當前個人業務 按鈕,可查看到該貸款業務的狀態已切換至「支行信貸科審批」。選擇業務對象後,點擊 受理 按鈕,並對之前支行信貸員填寫的內容進行復查,確認沒問題後,選擇「同意」,並點擊 提交 按鈕。若存在問題,則選擇「不同意」,將業務打回支行信貸員重新審查。完成後,繼續按照商業銀行由下至上的審查、審批原則切換角色審批業務,分別完成支行分管行長審批、支行行長審批、總行信貸部初審員審查、總行信貸部副經理復審以及總行行長審批後,切換回支行信貸員角色完成信用評級業務的確認。

操作5:上述任務完成後,在「我的任務」欄中,點擊 ☆操作 → 提交任務 ,該項業務便在實驗系統中正式提交完成。點擊 ☆操作 → 任務詳情 → 操作情況 ,查看辦理該項業務的所有操作流程,可供實驗報告流程寫作參考。

實驗報告要求

(1)在系統中的「客戶信息」窗口中,選擇 登記查詢 → 導入客戶信息 ,在企業客戶中雙擊本章節案例中的「北京清暢電力技術股份有限公司」,熟悉客戶基本非財務信息,然後按照圖3-1-5中的非財務指標評價體系,在實驗報告中對該企業進行非財務因素分析,總結每項指標值給出的原因。

(2)在「客戶信息」窗口中,任意鎖定一家主板上市企業(如圖3-1-7所示),即股票代碼為「600」「601」「00」開頭的企業。然后運用證券行情軟件查詢該企業最新的財務報表,參考圖3-1-4和相關財務知識,選取自己認為合理的財務指標體系,對該企業的財務狀況進行評分。

	客戶類型	客戶編號	客戶名稱
1	企业客户	Q0000001	深圳市海王生物工程股份有限公司
2	企业客户	Q0000002	北京清畅电力技术股份有限公司
3	企业客户	Q0000003	浙江久立特材科技股份有限公司
4	企业客户	Q0000004	福建省青山纸业股份有限公司
5	企业客户	Q0000005	武汉钢铁股份有限公司
6	企业客户	Q0000006	中核华原钛白股份有限公司
7	企业客户	Q0000007	陕西炼石有色资源股份有限公司
8	企业客户	Q0000008	安徽皖维高新材料股份有限公司
9	企业客户	Q0000009	广东汕头超声电子股份有限公司
10	企业客户	Q0000010	重庆市迪马实业股份有限公司

圖 3-1-7　鎖定一家企業進行財務狀況評分

項目 3.2　貸款風險分類

3.2.1　貸款風險分類概述

貸款分類的概念

貸款分類是銀行信貸管理的重要組成部分，是指銀行根據審慎的原則和風險管理的需要，定期對信貸資產質量進行審查，並按照風險程度將貸款劃分為不同檔次的過程，其實質是判斷債務人及時足額償還貸款本息的可能性。

貸款分類的標準

從 2004 年起，國有獨資商業銀行、股份制商業銀行兩類銀行將奉行國際標準，取消原來並行的貸款四級分類制度，全面推行貸款五級分類制度。2007 年銀監會發布的《貸款風險分類指引》中規定商業銀行貸款五級分類是貸款風險分類的最低要求，各商業銀行可根據自身實際制定貸款分類制度，細化分類方法，但不得低於五級分類的要求，並與五級分類方法具有明確的對應和轉換關係。

中國的貸款五級分類即正常、關注、次級、可疑和損失，后三類合稱為不良貸款，其核心定義如表 3-2-1 所示：

表 3-2-1　　　　　　　　貸款五級分類的核心定義

貸款分類	核心定義
正常貸款	借款人能夠履行合同，一直能正常還本付息。
關注貸款	儘管借款人目前有能力償還貸款本息，但存在一些可能對償還產生不利影響的因素。
次級貸款	借款人的還款能力出現明顯問題，完全依靠其正常營業收入無法足額償還貸款本息，需要通過處分資產或對外融資乃至執行抵押擔保來還款付息。

表3-2-1(續)

可疑貸款	借款人無法足額償還貸款本息，即使執行抵押或擔保，也肯定要造成一部分損失。
損失貸款	借款人已無償還本息的可能，無論採取什麼措施和履行什麼程序，貸款都注定要遭受損失或者僅能收回極少部分。

五級分類的基本特徵

(1) 正常貸款的基本特徵：

借款人有能力履行承諾，還款意願良好，經營、財務等各方面狀況正常，能正常還本付息。即便借款人可能存在某些消極因素，但現金流量充足，不會對按約足額償還貸款本息產生實質性影響。

(2) 關注貸款的基本特徵：

・借款人本息或墊付款項逾期90天以內；

・關鍵財務指標出現異常或低於行業平均；

・或有負債過大或環比有較大提升；

・固定資產貸款項目出現重大的不利於貸款償還的因素；

・未按約定用途使用貸款；

・借款人或擔保人改制對貸款可能產生不利影響；

・主要股東、關聯企業或母子公司等發生了重大的不利於貸款償還的變化；

・管理層出現重大意見分歧或者法定代表人和主要經營者的品行出現了不利於貸款償還的變化；

・抵押物、質押物價值下降；保證人財物出現問題；

・外部因素的變化對借款人的經營產生不利影響。

(3) 次級貸款的基本特徵：

・本金或利息逾期91天至180天；

・經營活動的現金流量為負數；

・不能償還其他債權人債務；

- 不得不通過出售、變賣主要的生產、經營性固定資產來維持生產經營；
- 採用隱瞞事實等不正當手段取得貸款。

（4）可疑貸款的基本特徵：

- 本金或利息逾期181天以上；
- 經營或貸款項目處於停產、半停產狀態；
- 實際已資不抵債；
- 涉及重大經濟案件；
- 重組后仍然不能正常歸還本息；
- 借款人進入清算程序。

（5）損失貸款的基本特徵：

- 解散、關閉、撤銷、宣告破產，並終止法人資格；
- 雖未終止法人資格，但名存實亡；
- 借款人死亡或者失蹤，並對擔保人進行追償后未能收回的貸款；
- 借款人遭受重大自然災害或意外事故；
- 借款人觸犯刑律，依法判處刑罰。

3.2.2 客戶貸款五級分類評定實驗

實驗目的

（1）掌握中國現代商業銀行貸款五級分類標準的核心定義和評判標準。
（2）根據五級分類標準對個人或企業貸款進行風險評定。
（3）掌握貸款分類評定業務的操作流程。

實驗案例

雷鋒榮從信用社申請個人大額經營性貸款50萬元用於種植農作物，期限為9個月（2013年3月10日至2013年12月10日），約定貸款利率為5.57%，還款方式為分期等額還款。同時，張斯奇為其提供連帶責任保證擔保。截至2014年2月5日，由於農

作物受災，該客戶暫時無力還款。

要求先在系統中為雷鋒榮辦理保證擔保以及農戶經營性貸款業務，然后再按照案例情形，在系統中對該個人經營性貸款給出風險分類評定。

實驗步驟

操作1：參考章節2.2.2的實驗內容，對雷鋒榮處理擔保業務（相關信息填寫如圖3-2-1所示）及個人大額經營性貸款業務，完成對雷鋒榮放款（相關信息填寫如圖3-2-2所示）。

圖3-2-1　處理擔保業務

操作2：將鼠標按界面標示移動至模擬平臺界面邊緣，系統自動彈出 我的任務 操作任務列表，在列表中點擊 信貸風險 按鈕，找到「五級分類」業務，點擊 ☆操作 → 開啓任務 ，該業務在系統中便正式開啓。

操作3：點擊系統界面中的「信貸風險」圖標，在「信貸風險」窗口中，點擊 五級分類 → 個人貸款手工分類 ，即可在列表中查詢到當前雷鋒榮的個人經營性貸款

(如圖 3-2-3 所示)。

圖 3-2-2　處理放款業務

圖 3-2-3　查詢貸款信息

雙擊該業務，便彈出「信貸資產分類結果認定」窗口，窗口上方為「當前合同情況列表」，窗口下方要求填寫當今帳務日期。在案例中，提及截至 2014 年 2 月 5 日，由於農作物受災，該客戶暫時無力還款，因此帳務日期應為 2014 年 2 月 5 日以後。在選擇日期後，系統會根據貸款的逾期情況，在「分類選項」下拉框中自動核算出該筆貸款現在的風險分類情況，即「關注類」(如圖 3-2-4 所示)。點擊 保存 按鈕後，結束貸款分類評定業務。

圖 3-2-4　處理貸款分類評定業務

操作 4：上述任務完成後，在「我的任務」欄中，點擊 ☆操作 → 提交任務，該項業務便在實驗系統中正式提交完成。點擊 ☆操作 → 任務詳情 → 操作情況，查看辦理該項業務的所有操作流程，可供實驗報告流程寫作參考。

實驗報告要求

（1）在系統的客戶中任意選擇一家企業，為其做一筆 9 個月的流動資金貸款，貸款擔保為保證擔保，貸款金額為 1,000 萬元。完成貸款業務后，若客戶逾期 85 天未還清貸款，為其進行相應的貸款風險分類。

（2）若上述客戶逾期 178 天仍未還清貸款，在系統中更新其貸款風險分類。

（3）將上述操作過程記錄在實驗報告中，並指出除了逾期天數以外，還有哪些標準可以用來判斷企業客戶的貸款風險情況。

項目 3.3　貸后管理

3.3.1　貸后管理概述

貸后管理的概念

貸后管理是指從貸款發放或其他信貸業務發生后直到本息收回或信用結束的全過程的信貸管理。貸后管理的意義在於：

第一，貸后管理是信貸管理的最終環節，對於確保銀行貸款安全和案件防控具有至關重要的作用。貸后管理是控制風險、防止不良貸款發生的重要一環。客戶的經營財務狀況是不斷變化的，可能在審批授信時客戶經營財務狀況良好，但由於行業政策的影響、客戶投資失誤的影響、上下游的影響（負面影響表現在原材料漲價和產品降價或需求減少等）會引起客戶的經營財務狀況發生較大不利變化。貸后管理就是要跟蹤客戶所屬行業、客戶的上下游和客戶本身經營財務狀況包括其商業信用的變化，及時發現可能不利於貸款按時歸還的問題，並提出解決問題的措施。

第二，貸后管理是銀行轉變經營管理理念的要求。長期以來，商業銀行重數量、輕質量；重結果、輕過程；重短期、輕長期。因此，商業銀行要實現科學發展必須轉變經營理念與機制，摒棄「重貸輕管」的發展方式，強化貸后管理，可以提高資金使用效率，穩定資產質量，增強商業銀行的核心競爭力。

第三，貸后管理是商業銀行實現可持續發展的保障。中國資產證券化還處於起步階段，尚難以成為轉移資產風險的主要手段，只有通過強化貸后管理，才能有效控制授信敞口風險，減少資產質量問題，使授信資產得以順利收回，從而提高商業銀行的資本使用效率和綜合收益，為可持續發展提供有效保障。

第四，貸后管理是商業銀行變革服務客戶模式的手段。貸后管理不僅能控制資產質量，更能進行價值創造。一方面，通過貸后管理有利於把風險主動控制在商業銀行

可接受的範圍內；另一方面，貸后管理是促進金融創新、提升服務客戶能力的重要工具與途徑。

貸后管理的責任制度

貸后管理實行經營主責任人制度和風險監控主責任人制度。其中，經營主責任人制度是指各級行行長對經營的所有信貸業務負責，按照行業、客戶類型或客戶規模配備客戶經理，並由此客戶經理擔任管戶主責任人，負責貸后管理的實施；風險監控主責任人制度是指在信貸部門設立風險經理崗位，即時監控貸后風險，風險經理是銀行的風險監控主責任人。在這裡，風險經理是指負責對客戶經理貸后管理工作情況進行監控和對客戶風險進行預警的風險控制人員。

貸后管理是一項系統工程，涉及多層次、多部門及個人，包括各級行行長、客戶部門、信貸管理部門、風險資產管理部門、會計部門、法規部門、審計部門、監察部門、客戶經理和風險經理等。其崗位職責分工情況如表3-3-1所示：

表 3-3-1　　　　　　　　　　貸后管理崗位職責分工

管理崗位	職責分工
各級行行長	負責貸后組織結構上的配置、督查、批覆
客戶部門	貸后管理的實施部門
客戶經理	貸后管理工作的主要執行人員
信貸管理部門	貸后管理的風險監控部門，與客戶部門共同控制客戶信貸風險
風險經理	風險控制人員，負責現場檢查和在線檢查
風險資產經營部門	負責處理不良資產和不良客戶的管理
其他相關部門	會計部門、法規部門、審計監察部門應承擔的崗位職責

貸后管理的業務內容及操作要求

貸后管理包含的業務內容十分多樣，包含帳戶管理、貸款檢查（貸后監控）、風險預警與風險處理、客戶信用評級復測與授信額度核定、貸款風險分類、信貸業務到期

處理與貸款收回、信貸檔案管理以及最后的貸款總結評價。直至最后一步完成后，整個貸款貸后管理業務才真正完結。

(1) 帳戶管理的業務內容及操作要求（如表 3-3-2 所示）。

表 3-3-2　　　　　　　　　　帳戶管理的業務內容及操作需求

監管帳戶設置	保證客戶基本帳戶開立並保持在本行
監管資金支付	保證貸款資金專款專用，可實行計劃審批制 (編製資金計劃表→提交用款申請→審查、審批)
監管資金收入	監督客戶資金營運狀況及銷售收入歸行比例
監管項目資本金和其他資金	堅持先用自有資金、再用銀行貸款原則 目的：防止形成資金缺口
加強客戶現金管理	核定一個能保證正常週轉的庫存限額 超庫存部分即時存入開戶行 目的：防止客戶坐支現金或抽逃資金

(2) 貸款檢查的業務內容及操作要求。

信貸資產檢查，是指從客戶實際使用銀行信用后到該信貸業務完全終止前，信貸人員對信貸客戶及影響信貸資產安全的有關因素進行跟蹤和分析，及時發現預警信號，並採取相應補救措施的信貸管理過程。

檢查內容涉及客戶及擔保人生產經營、財務狀況、行業市場狀況、內部組織變化、抵押物狀況、項目進展情況等。

貸款檢查可分為首次跟蹤檢查、定期檢查以及特別（重點）檢查，其具體業務內容如表 3-3-3 所示。

表 3-3-3　　　　　　　　　　貸款檢查的具體內容

首次跟蹤檢查	一般在貸后 15 天內進行（不同銀行有不同標準） 主要檢查內容： 流動資金貸款：購銷合同、交易憑證、付款憑證等 項目貸款：資金流向、購置設備及金額是否適量 銀行承兌匯票：匯票內容是否與審批時一致

表3-3-3(續)

定期檢查	根據不同類型貸款確定檢查頻率（每月/每季度/半年） 主要檢查內容： 收集分析客戶的財務報表 檢查客戶的生產經營、資金管理狀況 客戶信用等級測評、調整評級 瞭解客戶在其他銀行的債務情況變化 瞭解客戶是否有影響貸款安全的重大事項 抵（質）押物檢查 項目建設進度檢查
特別（重點）檢查	應對短期內發生劇烈動盪、變化或行業發生不利情況的客戶，隨時對其進行實地調查和檢查

(3) 風險預警與風險處理。

風險預警是指對客戶出現的風險信號和損失的可能性進行預告、揭示和警惕。風險預警的具體業務操作如下：

①明確風險預警信號

②建立健全風險預警處理機制

- 填製「風險預警信號處理表」並提交；
- 錄入信貸管理系統；
- 3天內提出初步處理意見並報行長批覆；
- 3個月內未消除或預計不能解除的，形成風險化解方案。

(4) 信用評級復測（具體業務操作參照章節 3.1.2 的業務操作內容）。

(5) 貸款風險分類（具體業務操作參照章節 3.2.2 的業務操作內容）。

(6) 信貸業務到期處理與貸款收回的業務內容。

貸款到期處理主要包含貸款到期通知、貸款展期處理、借新還舊處理、貸款本息收回、提前歸還貸款的處理以及貸款逾期催收和不良貸款催收。（具體業務操作參照項目 3.4 中的業務操作內容）

(7) 信貸檔案管理業務內容。

信貸檔案指銀行在信貸業務的受理、調查評價、審批、發放和貸后管理過程中形

成的具有法律意義、史料價值及查考利用價值的資料，包括合同、文件、帳表、函電、記錄、圖表、聲像、磁盤等。

3.3.2 貸后調查業務實驗

實驗目的

(1) 瞭解貸后管理的重要性以及貸后管理包含的所有業務內容。
(2) 熟悉貸后調查的相關內容，區分首次調查、定期調查與重點調查的內容差異。
(3) 掌握貸后調查的業務操作流程及系統數據錄入。
(4) 熟練撰寫貸后調查分析報告。

實驗案例

安徽皖維高新材料股份有限公司成立於1996年，註冊資金500萬元，主營業務是化工、特種纖維、建材產品生產，現具有年產25萬噸聚乙烯醇（PVA）、1.5萬噸高強高模PVA纖維、300萬噸環保水泥及熟料、6萬噸差別化聚酯切片、1.5萬噸聚醋酸乙烯乳液（白乳膠）、熱電聯產年自發電量4.5億千瓦時的生產能力。

2015年3月9日安徽皖維高新材料股份有限公司由於接到一批較大的訂單，原材料採購出現了資金缺口，因此向銀行申請400萬元貸款，以評估值為300萬元的房產和評估值為300萬元的機器設備作為抵押擔保。銀行發放了該筆貸款，並定期對借款人進行調查。

該筆業務現提交支行進行辦理，在業務的辦理流程中，銀行方的審查、審批順序為支行信貸員→支行信貸科→支行分管行長→支行行長→總行信貸部→總行行長。請按該業務操作順序，分別扮演不同銀行部門角色，完成業務的審批。

實驗步驟

操作1：用自己的學生帳號登錄信貸業務及風險管理模擬平臺，選擇界面左側的 客戶信息 圖標，彈出客戶信息窗口；在彈出窗口左側的導航欄中選擇 登記查詢 →

第三部分　信貸風險及貸后管理實驗　113

導入客戶信息，在客戶類型下拉選項框中選擇個人客戶后點擊查詢。在窗口羅列的個人客戶列表中，找到實驗案例所涉及企業「安徽皖維高新材料股份有限公司」，點擊右上方的 導入客戶信息，在 登記查詢 中查詢辦理該業務的個人客戶，可選擇客戶，點擊 鎖定 按鈕。

操作 2：將鼠標按界面標示移動至模擬平臺界面邊緣，系統自動彈出 我的任務 操作任務列表，在列表中點擊 信貸風險 按鈕，找到「貸后調查」業務，點擊 ☆操作 → 開啓任務，該業務在系統中便正式開啓。

操作 3：點擊系統界面中的「信貸風險」圖標，在「信貸風險」窗口中，選擇「支行信貸員」角色，點擊 貸后調查 → 業務啓動，並雙擊選擇「企業常規調查」，在企業列表中選擇被調查的企業客戶「安徽皖維高新材料股份有限公司」，點擊右上方的 啓動 按鈕。隨后點擊 貸后調查 → 貸后調查業務，即可查看當前調查業務的對象及業務狀態（如圖 3-3-1 所示）。

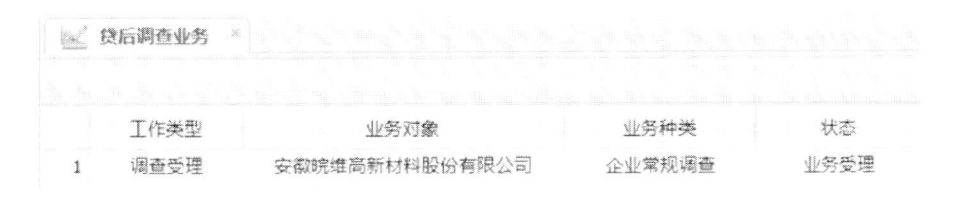

	工作類型	業務對象	業務种類	狀態
1	調查受理	安徽皖維高新材料股份有限公司	企業常規調查	業務受理

圖 3-3-1　查看業務對象及狀態

雙擊該業務進行受理，系統顯示「當前業務處理列表」，雙擊列表中的「企業常規調查」，系統彈出自動生成的該公司「信貸資產檢查報告」模板，按模板內容填寫該報告。填寫時注意，調查日期應在貸款日期 2015 年 3 月 9 日以後，調查內容請控制在規定字數之內，簡明扼要地填寫。信貸資產檢查報告如圖 3-3-2 所示。

安徽皖维高新材料股份有限公司

信贷资产检查报告

调查日期*: 2015/4/13

▲ 一 客户基本情况及变化

1. 客户基本情况简介，企业发展历史沿革:(250汉字)*

（参考企业基本信息，和企业发展重大事项）

2. 主体资格:(250汉字)*

（参考企业基本证件、许可证书、资质证书）

3. 信贷业务发生和还本付息情况:(250汉字)*

（参考企业授信情况、对外担保情况、担保等级情况）

▲ 二 经营管理情况及变化

1. 经营情况分析:(250汉字)*

（参考企业主营业务结构和收入情况）

2. 客户内部管理水平:(250汉字)*

（参考企业主管情况、组织结构、股东状况）

▲ 三 财务分析及信贷资金使用情况

1. 结合客户所在行业、地区的企业财务状况平均水平及客户自身历史财务数据进行分析，衡量和预测客户的偿还能力:(250汉字)*

（参考企业在行业中的盈利状况、规模情况、产品竞争情况等）

2. 信贷使用及客户信用状况:(250汉字)*

（参考企业借款或筹集资金投向）

圖 3-3-2　信貸資產檢查報告

▲ 四 重大事項的情況及不利變化

（評估該企業發展過程中的重大事項對未來發展的影響）

▲ 五 信貸業務風險狀況及不利變化

（評估該企業客戶現有貸款情況）

▲ 六 擔保狀況及不利變化

（參考客戶的保證、抵押、質押擔保情況）

圖 3-3-2　信貸資產檢查報告（續）

確保列表中的項目均為「已填寫」后，可在界面下方選擇「同意」並點擊 提交 按鈕。至此，支行信貸員的審查、審批任務操作便已完成。

操作 4：在界面右上方點擊 角色切換 按鈕，切換角色至「支行信貸科長」，點擊左側導航欄中的 當前個人業務 按鈕，可查看到該貸款業務的狀態已切換至「支行信貸科審批」。選擇業務對象后，點擊 受理 按鈕，並對之前支行信貸員填寫的內容進行復查，確認沒問題后，選擇「同意」，並點擊 提交 按鈕。若存在問題，則選擇「不同意」，將業務打回支行信貸員重新審查。完成后，繼續按照商業銀行由下至上的審查、審批原則切換角色審批業務，分別完成支行分管行長審批、支行行長審批、總行信貸部初審員審查、總行信貸部副經理復審以及總行行長審批后，切換回支行信貸員角色，完成貸后調查業務確認。

操作 5：上述任務完成后，在「我的任務欄」中，點擊 ☆操作 → 提交任務 ，該項業務便在實驗系統中正式提交完成。點擊 ☆操作 → 任務詳情 → 操作情況 ，查看辦理該項業務的所有操作流程，可供實驗報告流程寫作參考。

實驗報告要求

（1）將實驗中《信貸資產檢查報告》的內容按照標準的報告格式要求，寫進實驗

報告中。

（2）在系統中任意鎖定一家有貸款業務的企業，對其進行貸后調查，並在實驗報告中繪製對該企業的貸后調查業務流程。

項目 3.4　不良貸款管理

3.4.1　不良貸款管理概述

不良貸款的定義

不良貸款是指借款人未能按原定的貸款協議按時償還商業銀行的貸款本息，或者已有跡象表明借款人不可能按原定的貸款協議按時償還商業銀行的貸款本息而形成的貸款。現今中國商業銀行的不良貸款主要指次級、可疑和損失類貸款。

不良貸款的處置方式

不良貸款的處置方式主要有現金清收、債務重組以及呆帳核銷三種。

現金清收：指不良貸款本息及應收未收帳款以現金方式收回，主要包括債權維護及財產清查兩個方面。

債務重組：指銀行由於借款人財務狀況惡化，或無力還款而對借款合同還款條款做出調整的過程。它包含自主型債務重組和司法型債務重組，前者由銀行和借款企業協商決定，后者則是在法院主導下，債權人對債務進行適當調整。

呆帳核銷：銀行經過內部審核確認后，動用呆帳準備金將無法收回或長期難以收回的貸款或投資從帳面上衝銷。

呆帳認定

呆帳是指已過償付期限，經催討尚不能收回，長期處於呆滯狀態，有可能成為壞帳的應收款項。呆帳是未能及時進行清帳的結果，又指因對方不還而收不回來的財物。

貸款出現以下情況一般可認定為呆帳：

（1）借款人和擔保人依法宣告破產、關閉、解散或撤銷，並終止法人資格，金融

企業對借款人和擔保人進行追償後，未能收回的債權；

(2) 借款人死亡，或者依照《中華人民共和國民法通則》的規定宣告失蹤或者死亡，金融企業依法對其財產或者遺產進行清償，並對擔保人進行追償後，未能收回的債權；

(3) 借款人遭受重大自然災害或者意外事故，損失巨大且不能獲得保險補償，或者以保險賠償後，確實無力償還部分或者全部債務，金融企業對其財產進行清償和對擔保人進行追償後，未能收回的債權；

(4) 借款人和擔保人雖未依法宣告破產、關閉、解散、撤銷，但已完全停止經營活動，被縣級及縣級以上工商行政管理部門依法註銷、吊銷營業執照，金融企業對借款人和擔保人進行追償後，未能收回的債權；

(5) 借款人和擔保人雖未依法宣告破產、關閉、解散、撤銷，但已完全停止經營活動或下落不明，未進行工商登記或連續兩年以上未參加工商年檢，金融企業對借款人和擔保人進行追償後，未能收回的債權；

(6) 借款人觸犯刑律，依法受到制裁，其財產不足以歸還所借債務，又無其他債務承擔者，金融企業經追償後確實無法收回的債權；

(7) 由於借款人和擔保人不能償還到期債務，金融企業訴諸法律，經法院對借款人和擔保人強制執行，借款人和擔保人均無財產可執行，法院裁定終結、終止或中止執行後，金融企業仍無法收回的債權；

(8) 對借款人和擔保人訴諸法律後，因借款人和擔保人主體資格不符或消亡等原因，被法院駁回起訴或裁定免除（或部分免除）債務人責任；或因借款合同、擔保合同等權利憑證遺失或喪失訴訟時效，法院不予受理或不予支持，金融企業經追償後仍無法收回的債權；

(9) 由於上述（1）至（8）項原因借款人不能償還到期債務，金融企業依法取得抵債資產，抵債金額小於貸款本息的差額，經追償後仍無法收回的債權；

(10) 開立信用證、辦理承兌匯票、開具保函等發生墊款時，凡開證申請人和保證人由於上述（1）至（9）項原因，無法償還墊款，金融企業經追償後仍無法收回的墊款；

（11）按照國家法律法規規定具有投資權的金融企業的對外投資，由於被投資企業依法宣告破產、關閉、解散或撤銷，並終止法人資格的，金融企業經清算和追償後仍無法收回的股權；

（12）金融企業經批准採取打包出售、公開拍賣、轉讓等市場手段處置債權或股權后，其出售轉讓價格與帳面價值的差額，可認定為呆帳。

3.4.2 不良貸款催收實驗

實驗目的

（1）掌握不良貸款的概念。

（2）熟悉不良貸款的不同處置方式。

（3）掌握不良貸款催收的業務操作流程。

實驗案例

雷鋒榮從信用社申請個人大額經營性貸款 50 萬元用於種植農作物，期限為 9 個月（2013 年 3 月 10 日至 2013 年 12 月 10 日），約定貸款利率為 5.57%，還款方式為分期等額還款。同時，張斯奇為其提供連帶責任保證擔保。截至 2014 年 2 月 5 日，由於農作物受災，該客戶暫時無力還款。在該筆貸款被銀行標註為關注類貸款三個月後，雷鋒榮仍未償還貸款。現銀行應對該筆不良貸款進行催收。

實驗步驟

操作 1：按照章節 3.2.2 中的步驟，將雷鋒榮的貸款風險評定為次級貸款，因為被標註為關注類貸款后三個月後都未還款，表示貸款逾期已超過 150 天。

操作 2：點擊「信貸風險」圖標，彈出「信貸風險」業務窗口，點擊左側導航欄中的 不良貸款催收 → 催收認定業務，右邊界面可顯示現階段銀行可處理的不良貸款業務，如圖 3-4-1 所示。

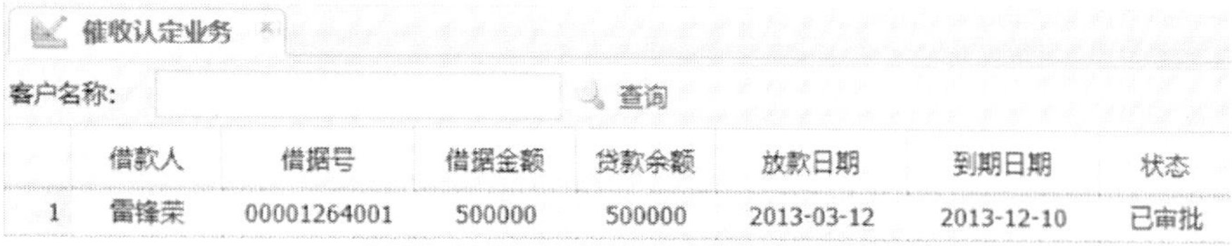

催收认定业务

客户名称： 查询

	借款人	借据号	借据金额	贷款余额	放款日期	到期日期	状态
1	雷锋荣	00001264001	500000	500000	2013-03-12	2013-12-10	已审批

圖 3-4-1　顯示不良貸款業務

操作 3：雙擊該業務，系統彈出「新增-催收通知書」（如圖 3-4-2 所示）。按照案例的時間推算，現在催收時間應是貸款期限結束后 5 至 6 個月之后，即 2014 年 5 月 5 日之后。在系統中選擇催收時期后，點擊 提交 按鈕。

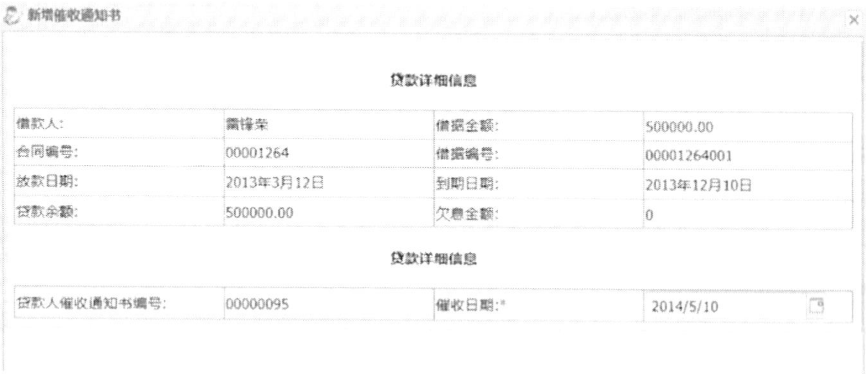

新增催收通知书

贷款详细信息

借款人:	雷锋荣	借据金额:	500000.00
合同编号:	00001264	借据编号:	00001264001
放款日期:	2013年3月12日	到期日期:	2013年12月10日
贷款余额:	500000.00	欠息金额:	0

贷款详细信息

贷款人催收通知书编号:	00000095	催收日期:*	2014/5/10

圖 3-4-2　選擇催收時間

操作 4：上述操作提交后，在 不良貸款催收 → 催收回執管理 中，可記錄並查看銀行對該客戶的催收情況（如圖 3-4-3 所示）。

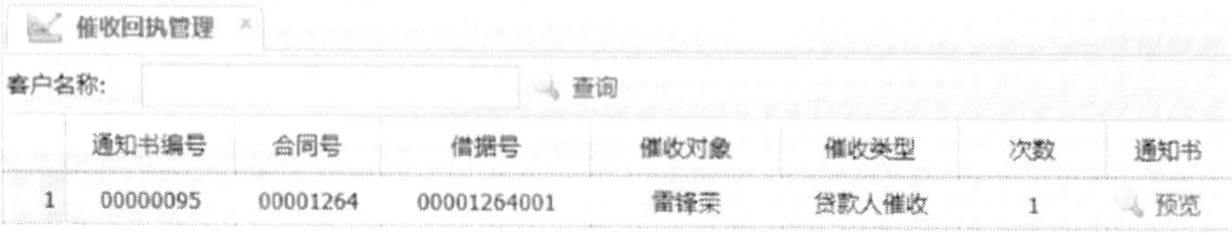

催收回执管理

客户名称： 查询

	通知书编号	合同号	借据号	催收对象	催收类型	次数	通知书
1	00000095	00001264	00001264001	雷锋荣	贷款人催收	1	预览

圖 3-4-3　記錄並查看不良貸款催收情況

點擊 預覽 按鈕，則可查看並記錄催款回執情況。若催收成功，則在「是否已回收」項中打鉤，並填寫回收日期（如圖 3-4-4 所示）；若未回收成功，則在下方「未

能催收原因」中填寫客戶現階段無法還款的原因。填寫完畢后點擊 提交 按鈕，若催收成功，則提交后貸款業務徹底結束；若催收未成功，則不勾選「是否已回收」選項，提交后，可在此對該貸款進行下一步催收。

圖 3-4-4　查看催收回執管理詳情

實驗報告要求

（1）請根據下列案例完成不良貸款催收實驗，在實驗報告中完成業務操作步驟的撰寫，並配以截圖說明。

（2）在完成不良貸款催收前，先完成客戶的貸款擔保及貸款業務。

案例概述：

杜苑，女，為購買精煤，2013 年 10 月向銀行提出貸款申請，申請個人經營性貸款 300 萬元。2013 年 10 月 10 日信貸員實地調查，廠區正常生產，認為符合銀行貸款條件，2013 年 11 月 24 日給借款人發放貸款 120 萬元，月利率 12.5%，期限 1 年，還款方式為按月結息，到期還本，由中核華原鈦白股份有限公司提供連帶責任保證擔保。

貸款發放之后，前 6 期客戶能按時償還利息，第 7 期時廠區經營情況出現惡化，銷售額明顯下降，庫存大，無足夠現金流償還貸款，償還利息時出現逾期，因而信貸員對此進行催收。

3.4.3　呆帳認定實驗

實驗目的

（1）掌握呆帳的概念以及呆帳認定的標準。
（2）熟悉呆帳認定業務的操作流程。
（3）區別呆帳和五級分類中損失貸款兩種說法的異同點。
（4）區別呆帳與壞帳的異同點。

實驗案例

2013 年 5 月 9 日，銀行對廣東汕頭超聲電子股份有限公司進行了年度統一授信，授信額度為 3,000 萬元，同時公司因擴大生產規模向銀行申請流動資金貸款 3,000 萬元，雙方達成協議，由銀行提供貸款並簽訂借款合同，合同約定貸款利率在基準利率 5.75% 的基礎上下浮 10%，借款期限為 3 年，即自 2013 年 5 月 9 日至 2016 年 5 月 9 日止，還款方式為分期等額還款。廣東汕頭超聲電子股份有限公司以一棟辦公樓（價值 800 萬元）和三棟廠房（價值 3,200 萬元）設定抵押，並辦理了抵押登記。

2014 年 1 月 10 日，廣東汕頭超聲電子股份有限公司在中外債權人面前宣布將申請破產。1 月 16 日，廣東省高級人民法院院長呂伯濤對外公告，經審查，廣東汕頭超聲電子股份有限公司及其全部子公司，因不能清償到期境內外債務，符合法定破產條件，裁定進入破產還債程序，由法院指定的清算組接管破產企業。

該呆帳認定業務先提交辦理貸款的支行審查，總行審批后，將該公司的貸款認定為呆帳。

實驗步驟

操作1：在客戶信息窗口中，鎖定業務對象「廣東汕頭超聲電子股份有限公司」。同時，在 我的任務 操作任務列表中點擊 信貸風險 按鈕，找到該「呆帳認定」業務，點擊 ☆操作 → 開啟任務 ，該業務在系統中便正式開啟。

操作2：參照章節1.1.3的實驗步驟，為該公司的一棟辦公樓與三棟廠房完成抵押擔保業務（相關擔保信息如圖3-4-5所示）。注意，因為一般房產、土地使用權的抵押率最高不能超過70%，因此該公司無法單獨拿廠房或者辦公樓進行抵押，必須設置共同抵押擔保。

抵押合同號*：	D0001033	抵押人*：	廣東汕頭超聲電子股份有限公司
抵押物性質*：	不動產	抵押物類型*：	房產
幣種*：	人民幣	評估價值(元)*：	32000000
原價值(元)：		評估到期日期*：	2016/5/9
評估起始日期*：	2013/5/9	抵押金額(元)*：	25000000
抵押率(%)*：	78	備註：	
已為其他債權設定的金額(元)：			
貸款人：	廣東汕頭超聲電子股份有限公司		

抵押合同號*：	D0001034	抵押人*：	廣東汕頭超聲電子股
抵押物性質*：	不動產	抵押物類型*：	房產
幣種*：	人民幣	評估價值(元)*：	8000000
原價值(元)：		評估到期日期*：	2016/5/9
評估起始日期*：	2013/5/9	抵押金額(元)*：	5000000
抵押率(%)*：	62.5	備註：	
已為其他債權設定的金額(元)：			
貸款人：	廣東汕頭超聲電子股份有限公司		

圖3-4-5　辦理抵押擔保業務

操作 3：參照章節 1.2.3 的實驗步驟，為該公司辦理 3,000 萬元的年度統一授信業務（相關授信情況如圖 3-4-6 所示）。

圖 3-4-6　辦理年度統一授信業務

操作 4：參照章節 1.3.2 的實驗步驟為該企業辦理流動資金貸款業務。

操作 5：打開「信貸風險」業務窗口，角色切換為「支行信貸員」。點擊 呆帳認定 → 認定業務啟動，雙擊列表中的「呆帳認定」，列表中會顯示現階段在支行有貸款的企業及其貸款信息（如圖 3-4-7 所示），雙擊啟動業務後，在 呆帳認定 → 當前認定業務 的列表中，雙擊該企業的呆帳認定業務，進行受理。

圖 3-4-7　啟動呆帳認定業務

在業務處理列表中，填寫「呆帳認定」相關信息（如圖 3-4-8 所示），按照企業實際情況，在產生的原因中進行勾選，可多選。在本案例中，廣東省高級人民法院對外公告，經審查，廣東汕頭超聲電子股份有限公司及其全部子公司，因不能清償到期境內外債務，符合法定破產條件，裁定進入破產還債程序，由法院指定的清算組接管破產企業。因此，選擇原因（一），點擊 提交 按鈕。

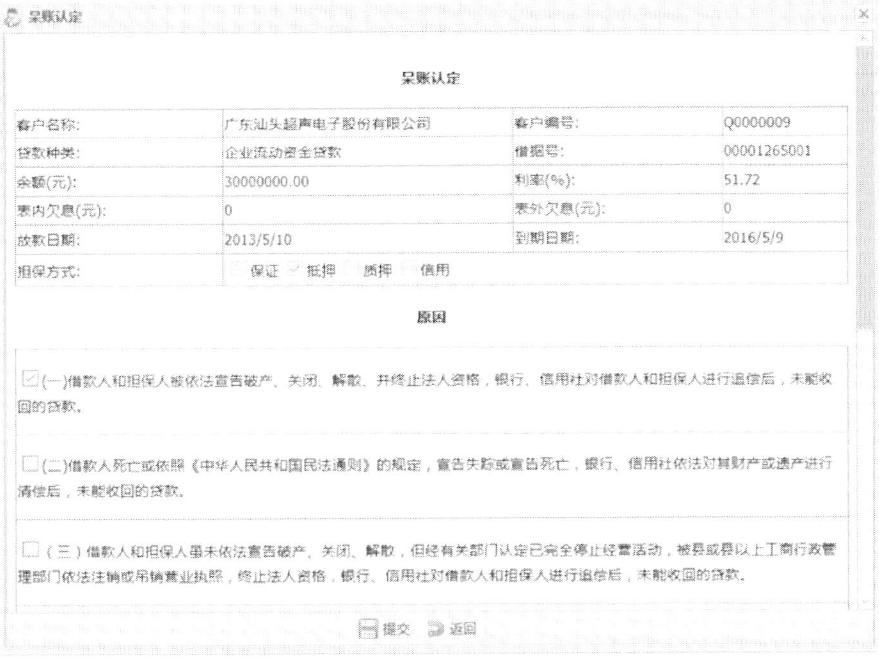

呆账认定

客户名称:	广东汕头超声电子股份有限公司	客户编号:	Q0000009
贷款种类:	企业流动资金贷款	借据号:	00001265001
余额(元):	30000000.00	利率(%):	51.72
表内欠息(元):	0	表外欠息(元):	0
放款日期:	2013/5/10	到期日期:	2016/5/9
担保方式:	保证 抵押 质押 信用		

原因

(一)借款人和担保人被依法宣告破产、关闭、解散、并终止法人资格，银行、信用社对借款人和担保人进行追偿后，未能收回的贷款。

(二)借款人死亡或依照《中华人民共和国民法通则》的规定，宣告失踪或宣告死亡，银行、信用社依法对其财产或遗产进行清偿后，未能收回的贷款。

（三）借款人和担保人虽未依法宣告破产、关闭、解散，但经有关部门认定已完全停止经营活动，被县或县以上工商行政管理部门依法注销或吊销营业执照，终止法人资格，银行、信用社对借款人和担保人进行追偿后，未能收回的贷款。

圖 3-4-8　勾選呆帳認定原因

操作 6：提交后，將角色直接切換為「支行行長」，對該筆呆帳認定業務進行確認；再提交至「總行行長」，最后進行審批，確認呆帳認定生效；角色切換回「支行信貸員」，最后執行該業務。至此，系統自動生成「呆帳認定通知書」，點擊 呆帳認定 → 呆帳通知書打印，即可打印「商業銀行呆帳認定通知書」（如圖 3-4-9 所示）。

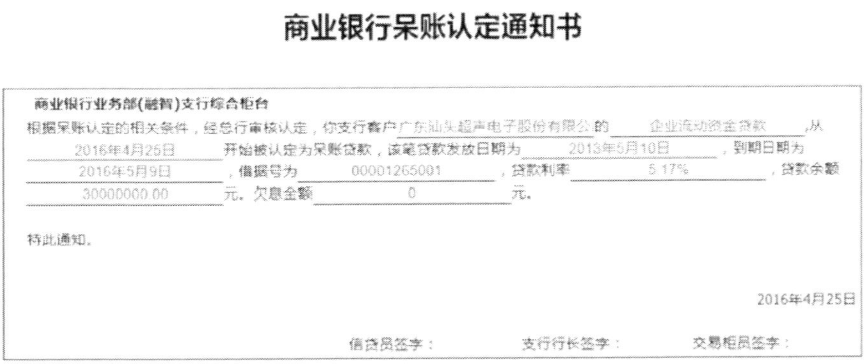

商业银行呆账认定通知书

商业银行业务部(融智)支行综合柜台

根据呆账认定的相关条件，经总行审核认定，你支行客户广东汕头超声电子股份有限公司的 企业流动资金贷款 ,从 2016年4月25日 开始被认定为呆账贷款，该笔贷款发放日期为 2013年5月10日 ，到期日期为 2016年5月9日 ，借据号为 00001265001 ，贷款利率 5.17% ，贷款余额 30000000.00 元。欠息金额 0 元。

特此通知。

2016年4月25日

信贷员签字：　　支行行长签字：　　交易柜员签字：

圖 3-4-9　打印「商業銀行認定通知書」

操作 7：上述任務完成后，在「我的任務」欄中，點擊 ☆操作 → 提交任務，該項業務便在實驗系統中正式提交完成。點擊 ☆操作 → 任務詳情 → 操作情況，查看辦理該項業務的所有操作流程，可供實驗報告流程寫作參考。

實驗報告要求

在系統已有的企業客戶中任選一家企業，為其辦理擔保、授信。貸款業務后，假設該企業雖未依法宣告破產、關閉、解散，但經有關部門認定其已完全停止經營活動，被依法吊銷營業執照，並且企業法定代表人失聯。請對該企業辦理呆帳認定業務，並在實驗報告中對該業務的操作程序進行記錄。

3.4.3 貸款訴訟實驗

實驗目的

（1）掌握貸款訴訟的概念以及貸款訴訟時效的概念。
（2）熟悉貸款訴訟的流程以及注意事項。
（3）瞭解銀行對借款人進行貸款訴訟的前提條件。

實驗案例

在上一章節的案例中，銀行對廣東汕頭超聲電子股份有限公司進行了呆帳認定。雖然該公司已申請破產，但公司以一棟辦公樓（價值 800 萬元）和三棟廠房（價值 3,200 萬元）設定抵押，並辦理了抵押登記。銀行向公司進行不良貸款清收時遇阻，現向法院對公司提出貸款訴訟。

要求在銀行系統裡完成銀行方的貸款訴訟相關業務記錄。

實驗步驟

操作 1：由於在本案例中，銀行已對廣東汕頭超聲電子股份有限公司依次進行了擔

保、授信、貸款以及呆帳認定業務，因此在本實驗中，可直接進入「信貸資產」窗口，角色切換為「支行信貸員」，點擊左側導航欄中的 貸款訴訟 → 訴訟業務啓動，雙擊列表中的「貸款訴訟」業務項，查看可進行貸款訴訟的公司名單（如圖 3-4-10 所示）。雙擊該業務，啓動成功。

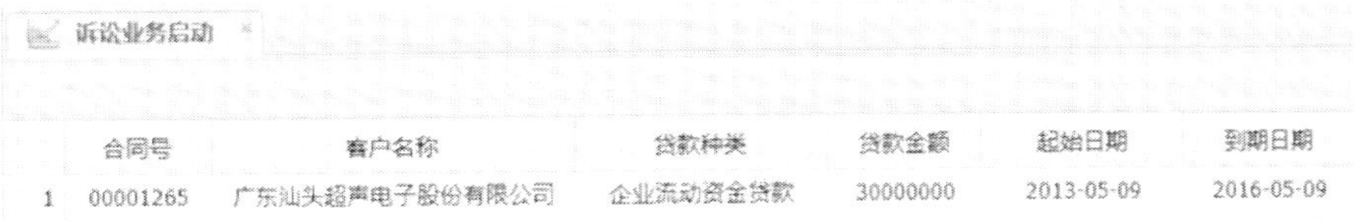
诉讼业务启动

	合同号	客户名称	贷款种类	贷款金额	起始日期	到期日期
1	00001265	广东汕头超声电子股份有限公司	企业流动资金贷款	30000000	2013-05-09	2016-05-09

圖 3-4-10　啓動貸款訴訟業務

操作 2：點擊 貸款訴訟 → 訴訟業務處理，可查看當前的訴訟業務狀態（如圖 3-4-11 所示），雙擊該業務進行受理，進入「當前業務處理列表」（如圖 3-4-12 所示），按列表要求填寫相關材料。

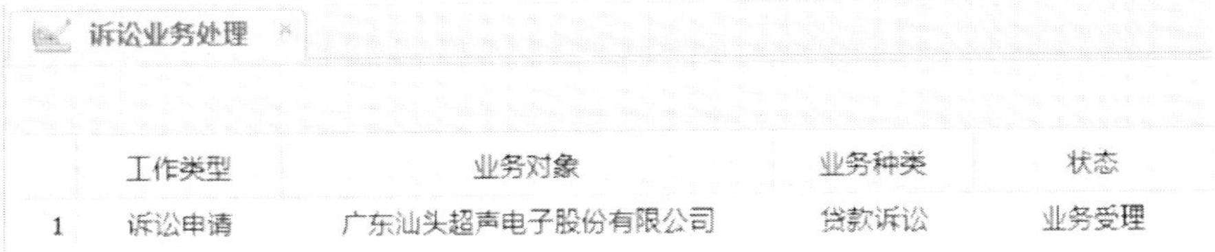
诉讼业务处理

	工作类型	业务对象	业务种类	状态
1	诉讼申请	广东汕头超声电子股份有限公司	贷款诉讼	业务受理

圖 3-4-11　查看訴訟業務狀態

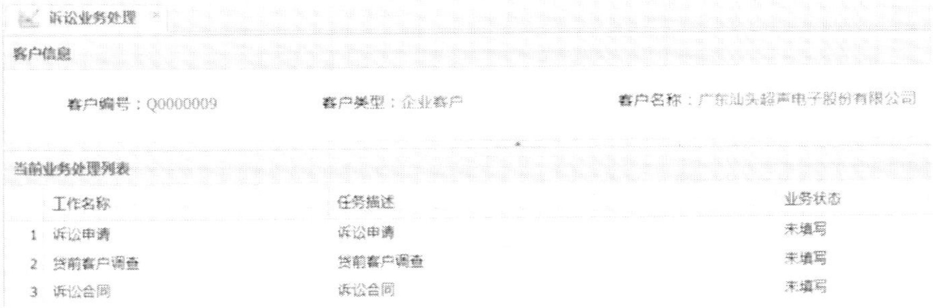
诉讼业务处理

客户信息

客户编号：Q0000009　客户类型：企业客户　客户名称：广东汕头超声电子股份有限公司

当前业务处理列表

	工作名称	任务描述	业务状态
1	诉讼申请	诉讼申请	未填写
2	贷前客户调查	贷前客户调查	未填写
3	诉讼合同	诉讼合同	未填写

圖 3-4-12　按要求填寫相關資料

（1）訴訟申請：在訴訟申請表中，根據該公司的抵押擔保合同和借款合同信息（詳情參見章節 3.4.2），錄入「借款金額」「申請日期」「主擔保/質押情況」「主擔保

人/質押物名稱」等信息（如圖 3-4-13 所示）。

圖 3-4-13　錄入相關信息

（2）貸前客戶調查：從「競爭情況」「財務分析」「申貸原因、用途及還款來源」「客戶信用狀況」「擔保評價」「風險情況」「我行相關效益」七個方面進行簡要評述（如圖 3-4-14 所示）。

（3）訴訟合同：填寫訴訟合同時注意，如果貸款存在保證擔保的情況，若是連帶責任擔保，則可共同列為被告、也可單獨起訴保證人；若是為一般保證，則必須列為共同被告。在起訴時，要注意貸款訴訟時效的問題。本案例無保證人（如圖 3-4-15 所示）。

上述材料填寫完畢后，可點擊 提交 按鈕，將業務轉交支行行長審批。

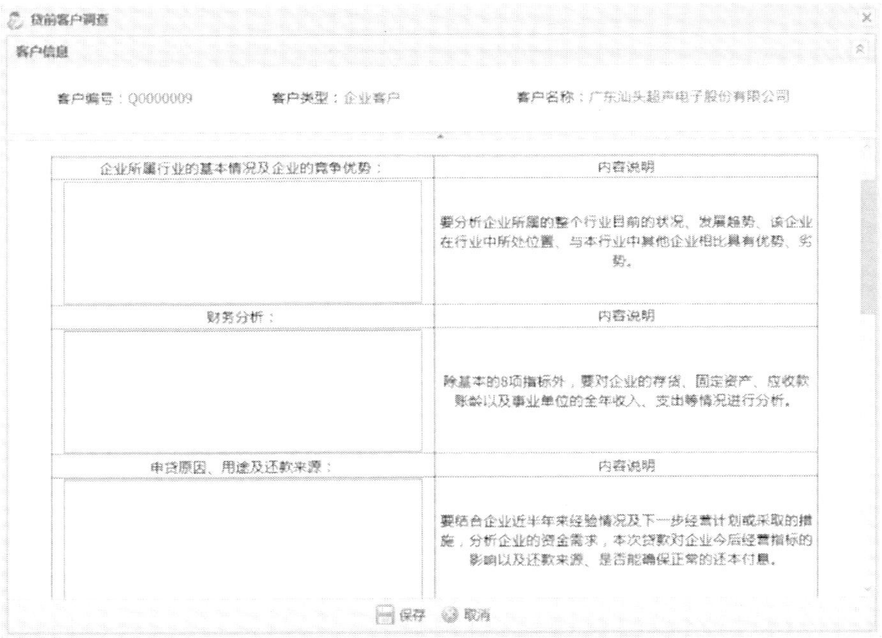

圖 3-4-14　填寫貸前調查

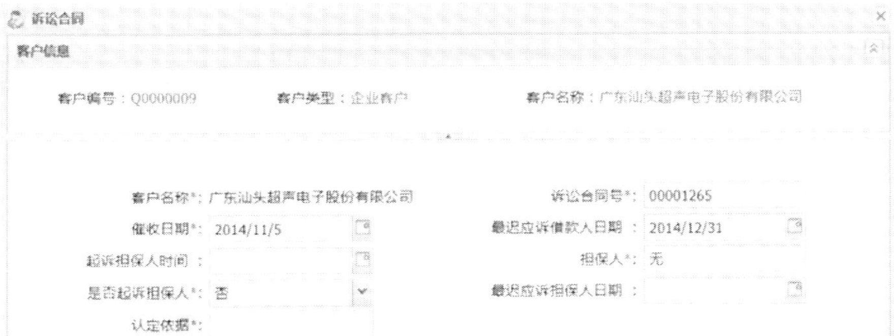

圖 3-4-15　填寫訴訟合同

操作 3：將角色依次切換為「支行行長」→「總行行長」→「支行信貸員」，對業務進行審批和最后認定處理。

實驗報告要求

（1）按照下列案例在系統中處理對自然人借款人和保證人的貸款訴訟業務，在辦理貸款訴訟業務前，先為客戶戴小青完成保證擔保、貸款及呆帳認定業務。

（2）在實驗報告中記錄處理該業務的具體實驗步驟並配以相應截圖。

案例概述：

2009 年 3 月 5 日，戴小青與中國工商銀行武漢市洪山支行建立起單項授信關係，商業銀行給予戴小青授信額度 200 萬元，起始時間為 2009 年 3 月 5 日至 2014 年 3 月 5 日，同時雙方簽訂了「住房抵押貸款合同」，約定中國工商銀行武漢市洪山支行向戴小青貸款 100 萬元流動資金，用於購買商鋪，期限為 5 年，執行利率為人民銀行同期同檔基準利率 5.75%，還款方式為分期等額還款。同時以所購商鋪（價值 150 萬元）作抵押擔保，並由安徽皖維高新材料股份有限公司提供連帶保證擔保。辦理抵押登記后，中國工商銀行武漢市洪山支行按約定發放貸款。

戴小青供款不久后斷供，安徽皖維高新材料股份有限公司也未代償。截至 2013 年年末，戴小青尚欠中國工商銀行武漢市洪山支行貸款本金 584,510.28 元、利息 98,023.96 元。中國工商銀行武漢市洪山支行於 2013 年 12 月提起訴訟，要求判令戴小青還清全部貸款本息，安徽皖維高新材料股份有限公司承擔連帶責任。

3.4.4 資產處置實驗

實驗目的

（1）掌握資產處置的概念以及方法。

（2）熟悉資產處置的辦理流程和所涉及文件。

（3）瞭解資產處置協議的主要內容。

實驗案例

福建省青山紙業股份有限公司主營「青山」牌系列業務，主要包括 70~110g/m² 系

列普通及伸性紙袋紙、60~120g/m² 系列精製牛皮紙、110~250g/m² 系列高強牛皮箱板紙、全木漿牛皮卡紙、80-160g/m² 系列高強瓦楞紙、漿粕。

2014 年 10 月 15 日，福建省青山紙業股份有限公司因資金臨時性短缺，但又急需採購 2,700 噸過氧化氫水，故向銀行申請流動資金貸款 200 萬元。雙方簽訂借款合同，合同約定借款期限為 3 個月，公司以一價值 300 萬元的廠房作為抵押。

2015 年 1 月 15 日，福建省青山紙業股份有限公司因大量缺貨，長期拖欠供應商貨款，虧本經營而倒閉。銀行與福建省青山紙業股份有限公司簽訂了資產處置協議書。

實驗步驟

操作 1：用自己的學生帳號登錄信貸業務及風險管理模擬平臺，選擇界面左側的 客戶信息 圖標，彈出客戶信息窗口；在彈出窗口左側的導航欄中選擇 登記查詢 → 導入客戶信息 ，在客戶類型下拉選項框中選擇個人客戶后點擊查詢。在窗口羅列的個人客戶列表中，找到實驗案例所涉及企業「福建省青山紙業股份有限公司」，點擊右上方的 導入客戶信息 按鈕，在 登記查詢 中查詢辦理該業務的個人客戶，選擇客戶，點擊 鎖定 按鈕。

操作 2：將鼠標按界面標示移動至模擬平臺界面邊緣，系統自動彈出 我的任務 操作任務列表，在列表中點擊 信貸資產 按鈕，找到「資產處置」業務，點擊 ☆操作 → 開啓任務 ，該業務在系統中便正式開啓。

操作 3：打開「信貸資產」業務窗口，點擊左側導航欄中的 資產處置 → 資產處置情況 ，點擊右上方的 添加 按鈕，按案例中的信息錄入「新增資產處置情況表」（如圖 3-4-16 所示）。錄入時注意，「原貸人」一般指借款人，而「抵貸人」指抵押貸款人，抵貸人和原貸人可以為一人，也可以是第三方進行抵押。「抵押方式」有裁定、判決、協議。一般由銀行和借款人簽訂的資產處理合約，而不涉及法院訴訟或其他法律程序的，即為協議資產處置。

圖 3-4-16　錄入案例信息

操作 4：若該貸款按協議內容進行了相關處置，還清了銀行相關貸款，則可點擊 資產處置 → 貸款清收情況 ，並點擊右上方的 添加 按鈕，將已完成清收的貸款合同編號、結局編號、清收金額、清收日期、清收人員、清收物品名稱依次錄入，點擊 保存 按鈕后，在銀行信貸系統中留下記錄（如圖 3-4-17 所示）。

圖 3-4-17　填寫清收情況表

實驗報告要求

（1）在實驗報告中簡述資產處置的概念及種類。

（2）繪製以裁定或判決的方式進行資產處置的業務流程。

3.4.5　呆帳核銷實驗

實驗目的

（1）掌握呆帳核銷的概念。

（2）掌握普通呆帳準備金的概念和提取條件。

（3）熟悉呆帳核銷的業務流程。

實驗案例

在章節 3.4.2 和 3.4.3 的業務實驗中，銀行對廣東汕頭超聲電子股份有限公司在 2013 年 5 月 9 日向銀行申請的 3,000 萬元流動資金貸款進行了呆帳認定和貸款訴訟。假設，現由於該公司已破產，公司法定代表人及相關負責人已失蹤，銀行需要進行呆帳核銷。

進行呆帳核銷時需注意，現今中國商業銀行呆帳的核銷不需要經財政當局批准，呆帳核銷不是放棄債權，對債權債務關係未終結的債權還要繼續追償。呆帳核銷僅需提取普通呆帳準備金（為貸款總量的 1%）。普通呆帳準備金只與貸款總額有關，不能反應貸款的真實損失程度。

實驗步驟

操作 1：在處理呆帳核銷業務之前，首先確保已在系統中對業務對象辦理完擔保、貸款、呆帳認定以及貸款訴訟業務。打開「信貸資產」業務窗口，角色切換為「支行信貸員」，點擊左側導航欄中的 呆帳核銷 → 核銷業務啓動 ，在列表中雙擊需要進行呆帳核銷的企業客戶，即「廣東汕頭超聲電子股份有限公司」；完成後，點擊 呆帳核銷 → 當前核銷業務 ，可查看當前業務對象及業務情況（如圖 3-4-18 所示）。

	工作類型	業務對象	業務種類	狀態
1	核銷申請	广东汕头超声电子股份有限公司	呆账核销	業務受理

圖 3-4-18　查看當前核銷業務情況

操作 2：雙擊受理該業務，在「當前業務列表」中，選擇「核銷認定」。彈出核銷認定窗口（如圖 3-4-19 所示），在表格中按商業銀行相關要求錄入核銷本金額度以及核銷利息額度，並勾選借款人無法還貸的原因後，點擊 提交 按鈕。

圖 3-4-19　填寫核銷認定信息

操作 3：將角色依次切換為「支行行長」→「總行行長」→「支行信貸員」，完成相關審核、審批工作，直至呆帳核銷業務認定結束。

實驗報告要求

（1）按照下列案例在系統中處理對自然人借款人的呆帳核銷業務，在辦理呆帳核銷之前，先為客戶王宏完成擔保、貸款、呆帳認定及貸款訴訟業務環節。

（2）在實驗報告中記錄處理該業務的具體實驗步驟並配以相應截圖。

案例概述：

王宏，月綜合收入 5,000 元，於 2006 年 6 月 18 日向銀行申請個人住房貸款 30 萬元。雙方簽訂貸款合同，合同約定期限為 7 年，執行利率為人民銀行同期同檔基準利率 5.75%，還款方式為分期等額還款，王宏以其房產作為抵押。

2008 年 5 月 12 日 14 時 28 分，四川省阿壩藏族羌族自治州汶川縣發生里氏 8.0 級地震，王宏不幸在此次地震中遇難，並且所貸房屋倒塌。

2008年5月25日，銀監會針對地震災害發生后，部分借款人無法償還銀行借款的問題，下發了《銀行業金融機構做好汶川大地震造成的呆帳貸款核銷工作》的緊急通知。通知要求各銀行業金融機構要根據《金融企業呆帳核銷管理辦法（2008年修訂版）》的規定，對於借款人因本次地震造成巨大損失且不能獲得保險補償，或者以保險賠償、擔保追償后仍不能償還的債務；對於銀行卡透支款項，持卡人和擔保人已經在本次災害中死亡或下落不明，且沒有其他財產可償還的債務，均應認定為呆帳並及時予以核銷。

參考文獻

［1］施繼元，吳良. 銀行信貸管理實驗教程［M］. 上海：上海財經大學出版社，2014.

［2］劉曉潮. 商業銀行信貸及國際結算實驗［M］. 北京：經濟科學出版社，2008.

［3］中國銀行業從業人員資格認證辦公室. 公司信貸［M］. 北京：中國金融出版社，2013.

［4］中國銀行業從業人員資格認證辦公室. 個人貸款［M］. 北京：中國金融出版社，2013.

國家圖書館出版品預行編目(CIP)資料

銀行信貸業務實驗教程 / 郭靜林 主編. -- 第一版.
-- 臺北市：崧燁文化，2018.08

　面　；　公分

ISBN 978-957-681-497-6(平裝)

1.商業銀行 2.信用貸款

562.5　　　　107013268

書　　名：銀行信貸業務實驗教程
作　　者：郭靜林 主編
發行人：黃振庭
出版者：崧燁文化事業有限公司
發行者：崧燁文化事業有限公司
E-mail：sonbookservice@gmail.com
粉絲頁　　　　　網　址：
地　　址：台北市中正區重慶南路一段六十一號八樓815室
8F.-815, No.61, Sec. 1, Chongqing S. Rd., Zhongzheng
Dist., Taipei City 100, Taiwan (R.O.C.)
電　　話：(02)2370-3310　傳　真：(02) 2370-3210

總經銷：紅螞蟻圖書有限公司
地　　址：台北市內湖區舊宗路二段121巷19號
電　　話：02-2795-3656　傳真：02-2795-4100　網址：
印　　刷：京峯彩色印刷有限公司（京峰數位）

本書版權為西南財經大學出版社所有授權崧燁文化事業有限公司獨家發行
電子書繁體字版。若有其他相關權利及授權需求請與本公司聯繫。

定價：250 元
發行日期：2018 年 8 月第一版
◎ 本書以POD印製發行